도표로 읽는
경전 입문

도표로 읽는

글 정운 | 그림 배종훈

경전입문

방대한 팔만대장경의 세계가
도표로 한눈에 들어온다

민족사

일러두기

1. 이 책의 경전목록은 현재 한국에서 유통되고 있는 경전을 먼저 선택했고 대승불교 국가인 점을 고려해 대승불교 경전을 위주로 선택하였다.

2. 대한불교 조계종이 선종임을 감안해 『육조단경』을 포함한다.

3. 우리나라 불자들은 관음기도를 많이 하므로 『법화경』 안에 있는 『관세음보살보문품: 관음경』을 따로 항목 설정한다.

4. 조계종에서는 포교 방법상, 염불을 위주로 하기 때문에 정토경전을 포함한다.

5. 요즘 사찰마다 영가천도 기도가 많은데, 이 점을 고려해 조상에 대한 예의나 효도를 강조하기 위해 『부모은중경』을 포함한다.

6. 경전 구절의 서체를 달리한 것은 독자의 이해를 돕기 위함이다.

7. 빨리어와 산스끄리뜨어 독음은 『도표로 읽는 불교입문』과 동일하게 했으나 간혹 독자에게 익숙한 용어는 예외로 하기도 한다.

인생이 결코 녹녹치 아니하다.
부처님은 굴곡진 삶의 실상을 그대로 말씀하시고,
극복을 통해 행복의 길을 제시하셨다.
중생의 고뇌와 고통이 8만 4천인만큼
부처님은 8만 4천의 진리를 펼쳐 보이셨다.
이것이 바로 불교 경전이다.

   간간이 출판사로부터 경전 관련된 출판 청탁을 받을 때마다 "yes"라는 답을
하지 못했다. 몇 년 전에 '한 권으로 읽는 경전'을 출판했던 터라 이와 유사한
범주를 벗어날 수 없다는 생각이 앞서 있어서다. 인간이 철드는 데 연륜이 필
요한 것처럼 불교학에도 학문적인 연륜과 깊이가 녹아들어 있어야 하는 법…,
그래서 출판이 조심스럽다. 하지만 불법은 끊임없이 흘러가야 한다….
   기존의 책 내용과는 다른 시도를 위해 고심하였다. 이 책의 완성을 위해 출
판사와 약속하고, 책이 세상에 빛을 보기까지 두어 해에 가깝다. 그 동안 필
자는 존재로서 겪는 생로병사의 무게와 깊이를 실감했다. 삶의 굳은살이 만
들어지는 터울이었고, 인생의 근육이 생기는 시간이었다. 학문에 대한 매너리

즘, 속가 부친과의 영원한 이별, 후배스님들의 죽음, 살고 있는 범주에서 새 세계로 날고자 하는 날갯짓, 경전 독송으로 얻는 환희심, 불교학에 대한 법락, 글 쓰는 일에 대한 자부심 등 그저 그런 중생의 삶이었다.

또 하나 인생 이야기가 있다. 2017년 느지막한 겨울, 인도 성지순례 계획을 세웠다. 인도행 비자, 비행기 예약, 인도 책, 고추장, 옷가지, 자료 수집 등 여행 가방을 채우며 홀로의 여행에 설레었다. 당연히 몇 꼭지 원고도 미리 써두었다. 10년 동안 겨울만 되면 벼르고 벼르던 순례를 준비하면서 내 인생의 마지막 배낭여행이 될 거라고 생각했다. 그런데 인생에는 늘 복병이 도사리고 있었다. 여행용 캐리어를 인도가 아닌 병원으로 끌고 가야 했다. 여러 조직 검사를 위한 몸뚱이는 귀한 육신이 아니라 도살장의 고깃덩이었다. 결국 위장에 생긴 친구 때문에 위의 일부분을 떼어내는 병고를 겪어야 했다. 그냥 방치하거나 시일이 늦어졌다면 염라대왕을 친견할 지름길을 걸을 뻔했다. 30년 넘도록 마음 하나만 완벽하면, 무엇이든 아름다울 줄 알았다. 그런데 이건 배신이었다. 마음을 담는 그릇도 튼튼해야 삶의 아름다운 마무리가 될 수 있음을 가슴에 새기고 새기었다.

이 원고는 경전 이야기다. 불교 경전은 중생의 생로병사 등 삶의 애환을 담은 이야기고, 중생의 아픈 실상을 드러내어 약을 발라주고 치료해서 새살을

돋게 하는 위로의 메시지이다. 경전은 대단한 것이 아니다. 인간의 희로애락, 질척질척한 인생에 부처님은 우리에게 희망을 들려준 멋진 신사였다. 아마도 독자들은 이 책 끝자락에서 담담하면서도 차 한 잔을 마시고 난 뒤에 느끼는 그윽함이 기다리고 있을 것이다.

　필자는 이 원고에서 지혜적인 측면을 추구하면서 풀밭에서 노니는 일상의 이야기, 두 축대를 중심으로 하였다. 부족한 필자에게 원고를 맡긴 민족사 윤창화 대표님과 출판사 가족들에게 감사한다. 원고에 오류가 있으면, 출판사가 아닌 오롯이 나의 부족함이다. 필자에게 질책하기 바란다. 지면을 통해 만난 인연이지만, 독자님과 불자님들이 건강을 유지해 행복하기를 발원한다.
　이생에 학자로서의 길, 글쟁이로서의 길을 터주신 부처님께 감사의 9배를 올린다.

나무아미타불

2018년 녹음 우거진 여름을 기다리며…
개웅산 니련선하원 정운

차례

경전 입문의
길잡이

經典入門

불교 경전이란 무엇인가?

우리가 흔히 쓰고 말하는 '○○ 경經' 할 때의 경은 본래 지구상의 위치를 표시하는 좌표의 하나인 경도經度에서 온 말이다. 또한 직물織物의 날을 의미하기도 한다. 실제로 날을 보면 그 모양이 쭉 뻗어서 똑바르기 때문에 이 점을 우리 생활 속의 교훈에 비유하여, 부처님의 말씀을 '경'이라고 하였다고 한다. 불교에서 사용하는 경전이란 그 내용이 긴 것이든 짧은 것이든 간에 부처님의 설법을 중심으로 교훈적인 내용을 담고 있다. 또한 부처님께서 말씀하신 법은 마치 실[絲]로 꽃 등을 꿰어서 화환을 만드는 것과 같이 온갖 사물의 이치를 터득하고 자각한 뒤에 진리 그 자체를 설하신 내용이 '경'이기 때문에 시간이 지나도 쉽게 흩어지지 않는다는 의미를 간직하고 있다.

수많은 불교 경전이 전해지고 있는데, 그 내용을 흔히 8만 4천 법문이라고 한다. 이는 중생들의 번뇌 숫자와도 일치한다.(8만 4천은 중생의 고통가 많으며, 법문 또한 많다는 것을 상징하는 숫자이다.) 약사가 사람마다 그 병에 따라 약 처방을 다르게 해 주듯이 중생들의 온갖 번뇌에 따라 부처님께서 고뇌를 치료해 주는 가르침이 각기 다르며, 매우 다양함을 뜻한다고 볼 수 있다.

『숫따니빠따』 『법구경』
『아함부』 『구경전』
『대반열반경』 『사섭』
『이장경』 『방예경』 『유교』
『마드』 『백』 『품』
『경가경』 『화수』
『경겨경』 『전무』
『량수경』 『아미타경』
『과무량수경』 『법망』
『보살계본』 『업』
『모은중경』 『육조단경』

불교 역사를 어떻게 나누는가?

불교 역사도 학자에 따라 분류 기준이 다르다. 전반적으로 크게 나누면 이러하다.

> ▶ 부처님 재세在世는 기원전 624년~기원전 544년 •
> ▶ 초기불교는 부처님 입멸 이후 100여 년 경과 ••
> ▶ 부파불교는 부처님 입멸 이후 100년~기원전 1세기 •••
> ----
> ▶ 대승불교 초기는 기원전 1세기~300여 년
> ▶ 대승불교 중기 300여 년~600여 년
> ▶ 대승불교 후기 600여 년~1200여 년

불멸佛滅 이후~부파불교에 이르기까지 승가의 흐름과 경전 결집[1차~6차]

부처님께서 열반하시고, 어느 비구가 "우리에게 잔소리 하는 장로가 열반해서 홀가분하다"는 푸념을 하였다. 깟사빠(가섭) 존자는 이 말을 듣고 앞으로의 교단이 걱정되었다. 이에 수많은 장로들과 회의를 한 결과, 경전을 결집하기로 했다. 이에 마가다국 왕사성 칠엽굴에서 500명이 모여서 깟사빠 존자가 상수

불교 역사와 경전의 분류

부처님 재세 - 기원전 624년 ~ 기원전 544년

초기불교 - 부처님 입멸 이후 100여 년 경과

부파불교 - 부처님 입멸 이후 100년 ~

기원전 1세기

대승불교 초기 - 기원전 1세기 ~ 300여 년

대승불교 중기 - 300여 년 ~ 600여 년

대승불교 후기 - 600여 년 ~ 1,200여 년

가 되고, 계율은 우빨리 존자, 경전은 아난다 존자가 암송하고 있던 것을 대중 앞에 송출함으로써 1차 경전이 결집되었다. 이때 경전이 결집되었다고 하는 것은 지금과 같은 문자화된 결집이 아니다. 모든 대중이 똑같이 합송合誦[saṃgīti] 한 것이다. 그만큼 당시 수행자들은 경전을 모두 암기하고 있었다. 지금도 남방불교 국가에서는 경전을 암기하는 방식의 승가 교육이 이루어지고 있다.

이후 부처님이 열반하신 지 100년 정도가 되자, 승려들의 계율이 점차 해이해지기 시작했다. 마침 야사[Yaśas] 장로가 웨살리(Vesālī, 베살리, 毘舍利) 지역에 갔다가 웨살리 비구들의 계율 어기는 모습을 목격하고, 탄식한다. 야사 장로는 승가의 앞날을 위해 계율을 바로 잡기 위해 700명의 장로를 모이게 하여 웨살리 비구들의 계율에 문제가 있다고 주장하며, 2차 결집을 하였다. 이에 웨살리 지역 비구들이 반발하였다. 당시 웨살리 지역은 상업도시이다 보니 번화한 면이 있고, 승려들이 탁발해서 공양하는 일 또한 다른 지역과 다를 수밖에 없다는 것이 웨살리 승려들의 항변이었다. 이에 웨살리 지역의 비구들은 자신들의 의견에 공조하는 이들과 분파를 이루었다. 이로 인해 승가가 양분되었는데, 처음으로 분열되었다고 하여 '근본분열'이라고 한다. 야사를 중심으로 하는 비구들을 '상좌부上座部'라고 하였고, 반기를 든 비구들을 '대중부大衆部'라고 하였다. 이때 상좌부에서 웨살리 비구들[대중부]의 계율에 대해 10사비법十事非法이라고 힐난하였다. 즉 승려들의 열 가지 계율이 그릇되었다는 것이다. 그 내용을 몇 가지만 보면 이러하다.

승려가 소금을 저장하면 안 되는데 저장하는 것, 오후불식을 정확히 지켜야 하는데 정오 12시

● 1956년 네팔 카트만두에서 열린 세계불교도대회에서 1956년을 불기 2500년으로 정한 것을 기준으로 하였다.

●● 필자가 나눈 방법은 예전의 방법이고, 요즘에는 전반적으로 학계에서 부처님 재세~부파불교 시대를 총괄해서 '초기불교'라고 칭한다.

●●● 불교사에서 부파불교를 기원전 1세기까지라고 하지만, 인도에서는 불교가 사라질 때까지 대승불교와 함께 존속했음.

를 지나서 공양하는 것이나 혹 다른 마을로 이동해서 정오 이전이라고 공양하는 것, 금은보화를 소지하는 것, 좌복을 정해진 대로 하지 않는 것, 승가의 의사 결정 문제 등인데, 상좌부에서는 계율을 엄격하게 주장하였다.

3차 결집에 대해 보기로 하자. 처음 근본분열 이후 시간이 흐르면서 교단이 점차 파가 갈라지기 시작했다. 곧 상좌부계 11부파, 대중부계 9부파로 나뉘었다. 파가 여럿으로 나뉘어졌다고 하여 이 시대를 '부파部派불교'라고 한다. 부파불교시대에 수행자들은 법(dhamma)에 대해 천착하며 전문적인 연구에 몰두했다. 그 전문적인 연구를 '아비달마(abhi-dhamma)'라고 한다. 또한 이들은 아라한이 되는 것에 목적을 두고 오직 학문적 연구와 자신들의 수행에만 목적을 두었다[즉, 중생교화를 소홀했다].

마침 이 무렵, 아소까왕[在位 B.C 268~232]이 등장한다. B.C 317년 아소까왕의 할아버지 찬드라굽타는 천민 출신으로서 이전의 난다왕조를 타도하고 마우리아왕조를 세운다. 아소까왕은 3대 국왕으로서 처음에는 정복군주였다. 칼링가국을 평정한 뒤에 전쟁의 무의미함을 자각하고, 불교에 귀의하였다. 아소까왕의 업적은 불교가 세계적인 종교로 발돋움할 수 있는 계기가 되었다. 그는 여러 가지 업적을 남겼지만 불교에 남긴 업적은 당시 승단이 분열되는 것을 막기 위해 빠딸리뿌뜨라에서 제3결집을 하도록 승단에 도움을 주었다. 또한 부처님 사리탑을 열어서 인도 각 지역에 8만 4천 탑을 세웠고, 승려들에게 많은 사원을 보시했으며, 불적을 순례하고 그 곳에 탑을 세웠다. 아소까왕이 인도 각처에 세운 사리탑은 후대 대승불교가 발전하는 모태가 되었다. 또 해외로 포교사를 각지에 파견해 불교를 전파했다. 이때 왕자인 마힌다[Mahinda]와 딸 상가미따[Saṁghamittā]를 출가시켜 스리랑카에 파견하였다.

앞에서 언급한 1차~3차 결집에 이르기까지 경전이 문자화된 것이 아니라 합송된 것이다. 1차 결집은 경전을 중심으로, 2차 결집은 율장을 중심으로, 3차 결집은 논장을 중심으로 경·율·론 3장의 체계가 이루어졌다.

4차 결집은 북방불교와 남방불교가 다르게 본다. 곧 북방불교의 4차 결집은 쿠샨왕조의 까니쉬까 왕의 도움으로 경론의 교리 통일을 위해 빠르슈바[Pārśva, 脇尊者]가 상수가 되어 500명의 승려가 카슈미르 지방에서 결집하였다. 이때 결집은 경·율·론 삼장이 아니라 주석에 관한 결집이고, 『대비바사론』 200권인 유부 교의가 집대성되었다.

남방불교에서도 4차 결집이 있었는데, 이 점에 주목해야 한다. 대사大寺에 머물렀던 마힌다 장로가 열반한 후 150여 년이 지나 스리랑카에 또 다른 불교가 들어와 무외산사無畏山寺가 창건되었다. 즉 스리랑카는 진보파[無畏山寺]와 상좌부[大寺] 교학이 함께 발전되어 갔다. 그러다 기원전 94년 대사의 승려들이 위기감을 느끼고 경전을 결집했는데, 이것이 바로 최초의 빨리 경전이다. 빨리 경전이란 뒤 '아함부 경전' 이야기에서 언급하는 니까야 계통을 말한다. 즉 구전口傳된 진리를 최초로 기록한 것이다.[패엽경]

이후 5차 결집은 1871년 미얀마 만달라이에서 729개의 대리석판에 새겨 450개 불탑에 모셔 놓았다. 6차 결집은 1954~1956년 미얀마 양곤에서 이전에 결집한 원본을 재정비하고 빨리 성전과 주석서를 미얀마 문자로 출판하였다.

다시 세월을 거슬러 올라가 보자. B.C 328년 알렉산더 대왕이 인도 북부를 점령하였다. 알렉산더는 고국으로 돌아가면서 그리스 섭정군을 남겨두어 북부[간다라] 지역을 다스리도록 하였다. 당시 북부 지역 인도인들은 그리스 사람들이 신들을 형상화한 것을 보고, 이를 본떠서 불상을 만들기 시작한다[→간다라미술]. 이후 불상이 등장하였는데, 대승불교와 더불어 발전하였다. 곧 불상은 대승불교의 정토신앙과 삼매사상의 발달에 큰 영향을 미쳤다.

어쨌든 기원전 1세기 대승불교가 발전했다고 해서 그 이전에 형성된 부파불교 교단이 사라진 것은 아니었다. 인도에서 12세기 불교가 사라질 때까지 상좌부불교와 대승불교가 함께 공존했다.

대승불교의 발생과 특징

대승불교의 발생을 대략 기원전 1세기 전으로 본다. 기존[부파불교]의 수행자들이 지나치게 자신들의 수행에만 치중하고 번쇄한 학문만을 내세우며 대중들과 멀어지자, 부처님의 근본사상으로 돌아가자는 운동이 대승불교이다.

즉 기존의 상좌부上座部를 하열한 무리들이라 하며 '소승小乘(hīna-yāna)'이라 칭하고, 자신들은 뛰어난 선각자임을 자칭하며 '대승大乘(mahā-yāna)'이라 칭했다. 또한 대승경전을 결집하고 대승의 길을 걷고 있는 수행자를 '보살菩薩

대승불교의 발생과 특징, 전개

대승불교란 기존(부파불교)의 수행자들이 지나치게 자신들의 수행에만 치중하고 번쇄한 학문을 내세우자 부처님의 근본사상으로 돌아가자는 운동

기존의 상좌부를 '소승'이라고 칭하고, 자신들은 뛰어난 선각자임을 자칭하며 '대승'이라 칭했다. 또한 대승경전을 결집하고 대승의 길을 걷고 있는 수행자를 '보살'이라 불렀다.

보리 + 살타 = 보리살타(보살)
(깨달음) (중생)

(bodhisattva)'이라 호칭하였다. 그래서 대승불교를 '보살의 불교'라고도 한다. 보리菩提는 깨달음, 살타薩埵는 중생으로서 이를 합쳐 '보리살타(bodhisattva)'가 된다. 이 보리살타를 줄여서 '보살'이라고 한다.

초기불교에서 '보살'이라는 호칭은 석가모니 부처님의 과거 전생에 선업善業을 닦으며 정진했던 수행자를 지칭하였다. 이렇게 석가모니 부처님에게만 국한했던 보살이라는 용어가 대승불교로 오면서 재가자든 출가자든 구별 없이 모든 수행자를 지칭하는 용어로 정착되었다. 곧 보살은 위로는 보리(깨달음)를 구하고, 아래로는 모든 중생이 함께 해탈하도록 사랑과 배려를 실천하는 수행자를 말한다. 하지만 보살은 자리自利보다는 모든 이에 대한 이타利他의 실천행을 더 많이 함축하고 있다. 자리이타 정신을 실천하는 보살사상이야말로 대승불교의 근본사상이다.

대승불교의 경전 결집과 전파

대승불교도 초기·중기·후기로 발전되었다.

초기 대승불교 경전은 반야부계 경전인 『금강경』·『반야경』·『유마경』 등과 『화엄경』·『법화경』·정토부 경전이 있다.

중기 대승불교 경전으로 유식 계통의 경전과 여래장계 경전 등이 있다. 즉 『해심밀경』·『여래장경』·『승만경』·『부증불감경』·『보성론』·『능가경』·『열반경』 등이다.

후기 대승불교 경전으로 밀교부 계통의 경전이 있다. 즉 『대일경』·『금강정경』·『지장십륜경』 등이다.

대승불교는 서역 지방의 실크로드를 통해 중국으로 전파되었는데, 북방불교라고 칭한다. 대승불교 국가는 한국·일본·티벳·베트남 등이다.

대승불교는 어떻게 발전되었고, 전개되었는가?

첫째, **서원誓願 · 행원行願 · 회향廻向 사상**이 발전하였다.

서원은 자신도 열심히 수행 정진하고, 다른 사람도 행복하기를 바라는 것들을 부처님 앞에서 맹세하는 것을 말한다. 대략 서원을 살펴보면, 아촉불의 12원, 『무량수경』에서 아미타불의 전신인 법장비구의 48대원, 『화엄경』에서 설하고 있는 보현보살의 10대원, 『약사경』에서 설하고 있는 약사여래의 12원, 『승만경』에서 승만 부인이 세운 10대수十大受 등이다.

또한 회향廻向 사상이 있다. 회향이란 공덕을 공유共有한다는 것인데, 범어로는 빠리나마나(pariṇāmanā)로서 '돌리다' 혹은 '돌려 베풀다'의 뜻이다. 곧 자기가 닦은 공덕을 모든 이들에게 돌리는 행위를 뜻하는 회향에는 '함께 공유한다'는 대승사상의 참 의미가 담겨 있다. 그래서 기도한 공덕을 이 세상의 모든 존재에게 돌린다는 의미로 기도 마지막 날을 '회향'이라고 한다.

물론 초기불교와 부파불교에서도 이타행이 있었다. 하지만 서원 · 회향은 부파불교와 대승불교의 차이점을 극명하게 드러내는 사상으로 여긴다.

둘째, **신앙의 종교로 발전**되었다.

불탑佛塔을 중심으로 사람들이 모여들자, 탑을 지키는 보살은 사람들에게 부처님의 위대함을 설한다. 곧 자비나 구제 사상에 대한 교리를 전함으로써 불교는 신앙의 종교로 발전되었다. 한편 이 무렵 불상이 출현함으로써 석가모니 부처님에 대한 믿음의 대상을 견고히 하는 계기가 되었다. 신앙 사상이 드러나는 부분을 간단히 살펴보면 다음과 같다.

① 『화엄경』에는 '믿음은 공덕의 어머니[信爲道元功德母]'라는 적극적인 표현이 있다. 또한 『법화경』도 믿음을 강조한다.

② 정토삼부경을 중심으로 극락정토 사상이 발전하였다. 현재 삶의 고달픔을 떠나 행복한 세계[극락]가 있을 것이고, 극락에 가기 위해서 부처의 힘을 의지해야 한다는 타력적他力的인 믿음이 전개되었다.

③ 『법화경』과 『반야경』·『화엄경』 등에서 다섯 가지 수행 방법을 제시하였다. 즉 수지受持·독讀·송誦·해설解說·서사書寫이다.

④ 『법화경』과 『반야경』에서 불탑신앙 등에 의하여 성불할 수 있다는 것과 『법화경』「여래수량품」에 구원실성久遠實成한 부처님의 신통력으로 중생이 구제된다는 타력 신앙이 제시되어 있는 점이다.

셋째, **삼매 사상의 발달로 인해 대승경전이 결집되는 데, 촉매 역할**을 하였다. 삼매三昧란 산스끄리뜨어 삼마디(samādhi)이며, 등지等持·심일경성心一境性'이라고 번역한다.

불탑 예배를 통해 수행자들의 견불見佛 체험, 관불삼매觀佛三昧로 발전되었다. 일념으로 부처를 생각하면서 선정에 들고 삼매를 통해 부처를 만나는 것으로 대승경전에서 설하는 반주삼매般舟三昧, 즉 불현전佛現前 삼매가 바로 이것이다. 이런 데서 연유가 되어 대승경전은 부처님께서 삼매에 들었다가 삼매에서 일어나 법을 설하는 것으로 설정되어 있다. 『반주삼매경』의 관불觀佛 삼매, 일체불현전삼매一切佛現前三昧●, 『반야경』의 수능엄삼매[반야바라밀을 실천하는 강렬한 수행의

대승불교의 발전과 전개

첫째, 서원·행원·회향 사상이 발전

둘째, 신앙의 종교로 발전

셋째, 삼매 사상의 발달로 대승경전의
결집에 촉매 역할

넷째, 무주상의 공사상이 발전

다섯째, 유식 사상이 발전

여섯째, 불성과 여래장 사상이 발전

힘, 오염이나 번뇌를 부수는 의미로 견고하여 제법諸法을 두루 총섭하는 삼매이다. 즉 용맹 정진하는 수행자의 주체적인 의지에서 발현되는 선정의 위대함을 나타낸다.], 『법화경』의 무량의처無量義處 삼매, 『열반경』의 부동不動 삼매, 『화엄경』의 해인海印 삼매 등이다.

넷째, 무주상無住相의 공사상이 발전하였다.

무주상이란 집착심이 없고 관념이 없는 것, 즉 상相을 내지 않는 순수한 마음의 상태를 말한다. 『금강경』에서 무주상보시 개념을 널리 설하고 있다. 이 사상은 보살의 서원이나 행원과 결부되어 발전하였다. 무주상은 후대에 무심無心 사상으로 전개되어 북방불교 선사상 발전에 근간이 되었다.

다섯째, 유식唯識 사상이 발전하였다.

유식은 일심一心이라고도 할 수 있으며, 유심론에서 발달되었다. 대승불교의 2대 사상이라고 하면 반야와 유식학이다. 물론 유식학이 대승불교 중기에 크게 발전된 학문이지만, 대승불교 전반에 흐르고 있다. 간간이 경전에 담긴 유식을 보면, 『화엄경』의 "마음은 솜씨 좋은 화가처럼 가지각색의 5陰을 그린다[心如工畵師 畵種種五陰]", "마음으로 인해 3계가 생긴 것이요, 마음이 3계를 만든다[了達三界依心有]". 『반주삼매경』의 "이 마음이 부처를 만들고[是心作佛] 이 마음이 바로 부처이다[是心是佛]", "마음 이것이 부처의 마음이고, 부처의 마음 이것이 나의 몸이니…", 『해심밀경』의 "식識의 소연所緣은 유식唯識의 소현所現이다." 등 다양하게 드러나 있다.

여섯째, 불성佛性과 여래장 사상이 발전하였다.

불성과 여래장은 중기 대승불교에서 발달되었고, 후대 북방불교의 선종이 발달하는 데 큰 영향

● 일체불현전삼매: 선정이 깊어져 삼매 중에 붓다의 모습이 앞에 나타난 것이다. 보살의 염불수행과 함께 붓다의 공덕력, 붓다의 위신력, 붓다의 삼매력이라는 세 가지 힘에 의해 붓다가 눈앞에 나타나는 삼매이다.

을 미쳤다. 하지만 불성과 여래장 사상은 대승불교 전반에 흐르고 있는 사상이다. 즉 『법화경』의 일승一乘, 『유마경』의 여래종如來種·불종佛種·여래성如來性, 『화엄경』의 성기性起 사상 등은 후대 불성과 여래장이 발전하는 기원이 되었다. 불성은 『열반경』에서 전개되고, 여래장은 『여래장경』·『승만경』·『부증불감경』에서 전개되었다.

　일곱째, **재가자 중심의 수행집단이 형성**되었다.
　『유마경』과 『승만경』은 재가자가 법을 설한 경전이다. 『유마경』은 남자신도인 우바새가 설한 경전이고, 『승만경』은 여자신도인 우바이가 설한 경전이다. 물론 부처님 당시에도 우바새로는 아나타삔디까(급고독장자), 우바이로는 위사카 부인 등 신심 깊은 재가자가 많이 있었고 수행하는 재가자들도 많았다. 하지만 재가자가 직접 법을 설하는 일은 없었다. 이렇게 재가자 설법의 경전이 있다는 것은 대승불교 사상의 수승한 점이기도 하다. 『유마경』은 북방불교에서 재가자들이 수행하고, 경전을 독송하며 불교를 신행케 함으로써 불교 발전에 큰 영향을 미쳤다. 또한 유마거사는 일반 사대부들의 롤모델이 되었다.

04

현재 독송하는 경전들은 어떤 경로를 거쳐서 번역되었고, 어떻게 형성되었는가?

중국은 기원 67년 후한 시대에 불교를 받아들였다. 중국에 불교가 전파된 경로는 여러 이설異說이 있지만, 보편적으로 역사적인 전거에 따라 후한 효명제(58~75 재위) 시대라고 보는 설이다. 효명제가 어느 날 밤 꿈에 온통 금색 빛의 사람이 나타나 정수리에서 광채가 나고 몸에서 빛이 방광하는 것을 보았다. 다음날 왕이 신하들을 모아놓고 사연을 물으니, 한 신하가 이렇게 말했다.

"서방에 신이 있는데 그 이름을 부처라 하고, 형상이 매우 장대長大하다고 합니다."

이 말은 들은 황제는 "인도에 가서 경전과 승려를 모셔오라"며 10여 명의 사신을 파견하였다. 사신들이 경전을 구하러 인도로 가는 도중, 서역지방(대월지국)에서 백마白馬에 불상과 경전을 싣고 오던 가섭마등과 축법난을 만나 그들을 데리고 중국으로 돌아왔다. 낙양에 도착한 지 얼마 안 되어 사람과 경전을 태우고 왔던 백마가 지쳐서 죽자, 황제는 낙양문 밖에다 백마의 공덕을 기리는 백마사를 창건하였다.

이곳에서 스님들이 경전을 번역했는데, 이때 최초로 번역한 경전이 『사십이장경』이다. 이렇게 전래된 불교 경전은 중국의 도교적인 바탕 위에 한역이 이루어졌는데, 이를 격의불교格義佛敎라고 한다.

남북조 시대 때, 승려 도안道安(312~385)은 인도 불교를 중국 불교로 변환하는 중추적인 역할을 하였다. 이 도안이 전진의 부견왕에게 구마라집(Kumarajiva, 344~413)을 추천하여 중국에 데려오기로 하였다. 왕은 신하 여광에게 그 명을 내렸는데, 여광이 귀자국을 정벌하고 구마라집을 데리고 돌아오는 중에 전진왕 부견이 죽고, 나라가 망했다는 소식을 듣고, 여광은 감숙성 양주 지역에 '후량국'을 세운 뒤(386), 구마라집을 15년 동안 모셨다.

훗날 후진의 요흥姚興이 나라를 다시 세우고, 구마라집을 서안에 모셨다. 이후부터 구마라집은 본격적으로 경전을 번역하였다. 도안이 불교 공부와 번역하는 일을 훈련시켰던 사람들이 훗날 구마라집 밑에서 역경 일을 도왔다.

구마라집은 소·대승 경전을 모두 한역했을 뿐만 아니라 그의 역경 이래 중국 문화가 반영된 격의불교의 한계성이 극복되었다. 구마라집 이후 현장玄奘(602~664) 법사도 인도에서 17년간을 지낸 뒤 돌아와 한역漢譯하였다.

구마라집은 소·대승 경전을 모두 한역했으며,
이후 현장법사도 인도에서 17년간을 지낸 뒤 돌아와 한역했다.

중국에서 번역된 경전은 현장 법사를 기준으로 그 이전을 구역舊譯이라 하고, 현장부터는 신역新譯이라고 한다. 즉 구마라집은 구역에 해당되고, 현장 이후에 번역된 것은 신역이라고 한다.

　구마라집과 현장 이외에 인도와 서역에서 온 수많은 역경가들이 경전을 번역하였다. 이렇게 한역된 경전을 중심으로 수나라 때부터 당나라 때에 걸쳐 종파가 형성되었다. 이때 수많은 종파[단명한 종파가 많음]가 발전하여 중국 불교를 '종파불교'라고 하는데, 대표적으로 8종이 성립되었다. 8종은 천태종·법상종·밀교·남산율종·삼론종·정토종·화엄종·선종이다. 중국이나 한국의 경우, 선종·정토종·천태종·남산율종 등이 지금까지 현존하는 것은 특기할 만하다.

경전20

經典
20

01 『숫따니빠따』

무소유적 삶, 평온의 경지를 노래하다

『숫따니빠따』는 어떤 경전인가?

『숫따니빠따(Sutta-nipāta)』는 대략 아소카 왕[B.C.268년~232년 在位] 이전인 4~3세기에 편집되었을 것으로 추론한다. 『숫따니빠따』는 부처님의 초기 설법으로, 아함부 경전보다 일찍 결집되었다. 또한 이 경전이 『법구경』과 함께 회자되지만, 『법구경』보다 『숫따니빠따』가 먼저 결집되었다. 이런 여러 정황으로 보아 이 경전이 불교 경전 가운데 가장 이른 시기에 결집된 것으로 추론할 수 있다. 당연히 부처님의 원음(原音)이 그대로 드러나 있는 경전으로 평가받는데, 이 점은 학자들의 공통된 의견이다. 『법구경』과 더불어 『숫따니빠따』는 빨리 삼장의 소부경전[Khuddaka-nikāya] 15경 가운데 포함되어 있다.

『숫따니빠따』는 '부처님 말씀을 모아놓은 것'이라는 의미로서, 길고 짧은 여러 경구를 모은 경집經集이다. 이 경전은 모두 5품(5장)으로 구성되어 있으며, 1149편의 시가 70경으로 수록되어 있다. 출가자와 재가자 모두를 위한 진리가 설해져 있다. 경전에 담긴 내용을 보면, 해탈·열반을 향해가는 마음가짐, 수행자로서의 자세나 수행 방법, 진실한 삶의 방식, 인생의 참다운 길, 윤리적·도덕적·교훈적인 가르침을 중심으로 구성되어 있다.

무소유적 삶, 평온의 경지를 노래한 『숫따니빠따』

『숫따니빠따』는 아소까 왕 이전인 기원전 4~3세기 편집, 경전 중에 가장 이른 시기에 결집된 것으로 추론.

석가모니 부처님의 사상을 가장 친숙하게 알 수 있는 최고의 경전. '부처님 말씀을 모아놓은 것'이라는 의미로서, 길고 짧은 여러 경구를 모은 경집.

모두 5품(5장)으로 구성되어 있으며, 1149편의 시가 70경으로 수록.

해탈·열반을 향해가는 마음가짐, 수행자로서의 자세와 수행 방법, 진실한 삶의 방식, 인생의 참다운 길, 윤리적·도덕적·교훈적인 가르침을 중심으로 구성.

고뇌를 만드는 자가 누구인가!?

: 일체개고

"비난받아야 할 사람을 칭찬하고,

칭찬받아야 할 사람을 비난하는 사람,

그는 입으로 죄업을 더하고, 그 죄업으로 고통을 받는다." – #658

"자신이 지은 어떤 죄업도 소멸되지 않는다.

반드시 되돌아와 그 임자가 악업의 과보를 받는다.

어리석은 자는 현생에 죄를 짓고, 내세에 괴로운 과보를 받는다." – #666

"중생들은 욕망에 빠져 허우적대며 살아간다.

인색하여 베풀지 아니하고, 그릇된 것에 집착한다.

막상 죽음에 닥쳐서는 비탄에 빠져 괴로워한다.

'여기서 죽어서 다음 생에 나는 어디에 태어나는가?'라고 걱정하면서." – #774

"사람들은 집착에 사로잡혀 고통스러워한다.

곧 늙음이 닥칠 것을 염두에 두고,

쉼 없이 정진하여 집착을 내려놓아야 한다." – #1123

"온갖 그릇된 견해에 휘둘리지 말고,

계를 잘 지키며, 잘 판단하고, 정견正見을 키워서

온갖 욕망과 탐욕심을 제거한 사람은

결코 다음 생生을 받지 않는다." – #152

"이 세상 모든 괴로움은 집착 때문에 일어난다.
어리석기 때문에 집착하고, 어리석기 때문에 또 괴로워한다.
괴로움이 일어난 원인을 관찰한 현자는
다시 태어날 원인인 집착을 만들지 않는다." – #1050~1051

"욕망을 이루려고 갈구하던 사람이
자신의 뜻한 바대로 욕망을 이루지 못하면
그는 화살에 맞은 것처럼 괴로워한다." – #767

　불교에서 인간의 고는 대표적으로 8고이다. 8고란 생로병사 4고와 미운 사람과 만나는 고[怨憎會苦], 사랑하는 사람과 헤어지는 고[愛別離苦], 갖고자 하는데 갖지 못하는 고[求不得苦], 오온이 치성한 고[五陰盛苦] 등이다. 하지만 인간의 고는 이보다 훨씬 더 많아 8만 4천 번뇌라 하기도 한다. 이 고에서 벗어나 해탈을 얻는 것이 불교의 목표이다[離苦得樂]. 불교의 근본 진리인 4성제[苦集滅道]에서도 고의 실체가 무엇인가[苦聖諦]를 잘 알아야 하는데, 그 고를 만드는 것이 바로 집착 때문이라고 하였다[集聖諦]. 이렇게 집착인 줄을 알았으면 고를 없애는 수행[道聖諦]을 통해 깨달음을 얻어야 한다[滅聖諦]. 그렇다면 그 고를 만드는 것이 집착이라고 했는데, 그 집착은 누가 만들어내는가? 바로 자기 자신이다. 자신이 만든 것에 스스로를 묶고 스스로 괴로워한다. 그러니 스스로 풀어야 한다. 자신이 묶고 자신이 괴로워한다는 사실만 자각[自覺]해도 고를 해결할 수 있는 실마리가 풀린다고 할 수 있다.

영원한 것은 이 세상에 없다

: 제행무상

"몸의 아홉 구멍에서는 끊임없이 오물이 흘러나온다.
눈에서 눈물, 귀에서는 귀지, 코에서는 콧물,
입에서는 침을 흘리고 가래를 뱉는다.
그리고 온 몸에서는 땀과 때를 배설한다.
또 머리에는 뇌수로 가득 차 있다.
그런데 어리석은 사람들은 무명에 이끌려
이런 육신을 깨끗한 것으로 착각한다.
또 죽어서 시체는 부어서 검푸르게 되고,
무덤에 버려져 친척도 돌보지 않는다." – #197~200

"살아 있는 자는 반드시 죽음을 피할 수 없다.
늙으면 반드시 죽음이 다가온다.
이것은 살아 있는 존재들의 피할 수 없는 업보이다." – #575

"익은 과일은 반드시 땅으로 떨어지게 되어 있다.
이처럼 생명 있는 자는 반드시 죽게 되어 있다.
존재들에게는 항상 죽음의 두려움이 있다." – #576

"세상 사람들이 온갖 생존에 대한 그릇된 집착에 얽매여 떨고 있다.
하열한 사람들은 온갖 생존에 대한 망상에서 떠나지 않고,
죽음이 코앞에 닥쳐와서야 슬피 운다." – #776

부처님께서 열반하기 직전 제자들에게 이런 말씀을 하셨다.

"이 세상은 무상無常하다. 열심히 정진해야 한다."

무상은 무아無我 법문과 함께 불교 사상의 근간이다. 사람의 생명도 늘 죽음을 향해 가고, 물건 또한 소유하는 순간 파괴성을 지니고 있으며, 아무리 큰 부자라 해도 언젠가는 가난해질 수도 있고, 어떤 모임이든 흩어질 때가 있기 마련이다. 영원한 것이 없기 때문에 순간순간의 삶이 고귀하고 간절한 인생이다. 죽음에 닥쳐서 슬퍼하지 말라. 그래서 위빠사나에서는 본격적인 수행에 앞서서 하는 예비명상[① 부처님의 덕성을 숙고 ② 자애명상 ③ 부정관 ④ 죽음관]이 있는데, 이 가운데 죽음관이 있다. 늘 죽음을 염두에 두고, 순간순간의 삶을 관조하라는 의미이다. 그러니 흥청망청 인생을 낭비하지 말아야 한다.

모든 물질은 하나하나의 인자로 구성되어 있다
: 제법무아

"언제나 잘 관찰해서 자아에 고집하는 견해를 버려야 한다.
세계를 비었다고 관찰하라.
이렇게 하면 죽음을 뛰어넘을 수 있을 것이다." - #1119

"무엇인가를 나의 것이라고 집착해서
동요되어 있는 사람들을 보아라.
그들은 마치 물이 바짝 마른 곳에 놓여 있는 물고기와 같다.
그러니 '나의 것'이라는 생각을 갖지 말아야 한다.
온갖 생존에 대해 집착하지 말라." - #777

"사람들은 '나의 것'이라고 집착한 그 물건 때문에 괴로워한다.
'나'와 '나의 것'이라고 집착한 그 물건은 언젠가는 사라진다.
이 세상 모든 것은 변하고 사라지는 것임을 분명하게 알아야 한다." – #805

"어떤 것에 대한 편견과 선입견, 분별심을 내지 말라.
덧없는 세상에서 생존 상태에 더 이상 머물려고 하지 말라.
이렇게 깊이 생각하며 부지런히 정진하는 사람은
'내 것'이라는 소유개념을 갖지 않는다.
생과 죽음, 근심과 슬픔을 버리고
지혜로운 사람이 되어 세상의 괴로움에서 벗어나라." –#1055~1056

일체개고·제행무상·제법무아를 3법인이라고 하는데, 각각 따로따로 설명할 수 없다. 즉 세 교리를 함께 묶어 설명해야 정확히 이해되기 때문이다. 이 세상 모든 만물은 무상하고 무아인데, 그것에 실체가 있다고 집착하기 때문에 고苦가 발생하는 것이다. 무아는 대승불교에 와서는 '공空'이라고 하였다. 제법무아諸法無我는 그 어떤 것에도 실체가 없다는 뜻이다. 곧 한 인간을 이루는 구성요소도 다양한 인자[色(地水火風)·受·想·行·識]로 모여 있으며, 어떤 물건도 각각의 요소가 모여서 한 형체를 이루고 있다. 서로서로의 인연이 모여 만들어진 것이 '나'요, '나의 것'이다.

모든 존재는 평등하다! 중생에 자비심을 품어라!

"'저들도 나와 모두 똑같은 존재이다'라고 생각하여
나의 입장으로 바꿔 생각해서 결코 다른 생명을 죽여서는 안 된다.
또한 다른 사람을 죽게 해서도 안 된다." – #705

"사람에게 출신 성분을 묻지 말고, 그 사람의 행위를 물어라.
불[火]이 모든 장작에서 생겨나는 것처럼,
아무리 천한 출신일지라도 진리에 대한 믿음이 있고,
부끄러움을 알고 절제할 줄 안다면, 이 사람은 고귀한 사람이다." – #462

"출생으로 바라문이 되는 것도 아니요,
출생으로 천민이 되는 것도 아니다.
행위[업]에 의해 바라문이 되기도 하고,
행위에 의해 천민이 되기도 한다." – #650

"행위에 의해 도적이 되기도 하고,
행위에 의해 군인이 되기도 한다.
행위에 의해 제사관이 되기도 하고,
행위에 의해 황제가 되기도 한다." – #652

"사람들로부터 비난 받을 만한 천박한 행동을 삼가라.
살아 있는 모든 존재들이여,
행복하라! 안온하라! 안락하라!" – #145

"어머니가 외아들을 사랑하는 하듯이
살아 있는 모든 존재에 자비심을 내어라." – #149

"다른 이를 속여서도 안 된다.
다른 이를 경멸해서도 안 된다.
상대를 괴롭힐 목적으로

마음에 분심憤心을 품지 말라." - #148

　기원전 1300년 무렵, 현재 러시아의 코카서스 지방의 유목민 아리아(Ārya)족이 인도를 침입하였다. 아리아족은 기원전 12세기 리그베다를 집성하기 시작해 기원전 10세기 무렵, 갠지스강변에서 베다(Veda)를 중심으로 바라문 문화를 형성하며 카스트제도를 도입하였다. 카스트제도는 아리아족이 원주민이었던 드라비다족을 정복하고, 지배층으로 등장하기 위한 하나의 합리화라고 할 수 있다. 카스트(caste)는 가족·혈통·종족을 의미하는 말로 바라문(brāhmaṇa)·왕족(kṣatriya)·백성 및 상인(vaiśya)·천민(śūdra) 등 네 가지 계급으로 구분하는 것을 가리킨다. 또한 이 4종의 계급에 들지 않는 아웃카스트(outcaste)인 불가촉천민不可觸賤民(하리잔)이 있다. 아웃카스트는 '이들과 닿기만 해도 부정不淨해진다'는 계급으로 마을 밖에서 따로 거주한다.

　석가모니 부처님께서는 누구나 고귀한 존재라고 하면서 카스트제도를 반대하셨다. 신분의 높고 낮음을 막론하고 부처님의 제자로 받아들였다. 부처님의 제자 중에 계율제일 우빨리(Upāli)는 이발사였고, 찬나[Channa, 車匿]는 말[馬] 관리사였으며, 수니따는 분뇨를 청소하는 천민 출신이었으나 출가하여 모두 아라한이 되었다. 부처님께서는 모든 이들이 평등하기 때문에 사람이든 축생이든 경멸하거나 낮추어 보지 말고 자비심을 내라고 역설하셨다. 이 점은 다음 『법구경』에도 강조되는 내용이다. 한 구절을 보면, "모든 생명은 채찍을 두려워하고, 살기를 좋아한다. 자신의 생명을 소중히 여기는 것처럼 남을 죽이거나 해롭게 하지 말라[#130]"고 하였다. 모든 이들이 평등하기 때문에 누구나 불성佛性을 갖고 있으며, 수행(행위)을 통해 불성을 드러내는 것이 곧 성불이라는 사상으로 발전하였다.

무소유적 삶, 그리고 평온한 경지

"작은 것에 만족하고, 음식을 탐하지 않으며,
번잡한 일을 줄여서 일상생활을 간소하게 하라.
또한 6근의 감각기관을 잘 다스려 자만하지 말라.
남의 집에 가서도 남의 물건을 탐내지 말라." – #144

"존경하고 감사할 줄 아는 것, 작은 것에도 만족할 줄 아는 것,
진리의 가르침을 듣는 것, 이보다 더 좋은 행복은 없다." – # 265

"세상의 어떤 일에도 마음이 흔들리지 않고
근심·걱정 없이 평온을 유지하는 것,
이것이 더할 나위없는 행복이다." – #268

"나는 바라문 종족으로 태어났다고 해서 바라문이라고 하지 않는다.
모든 것을 내려놓고, 집착이 없는 사람을 나는 바라문이라고 한다.
어떤 속박이든 얽매이지 않고 두려워하지 않으며,
집착을 초월한 사람을 나는 바라문이라고 부른다." – #620~621

"분노할 일에도 분노심을 품지 말고,
몸가짐을 조심하며, 계율을 받들고, 욕심내지 말라.
수행을 잘해서 마지막으로 사바세계에 머문 자를
나는 바라문이라고 한다." – # 624

"이 세상의 선과 악을 모두 버리고,

그 어느 것에 치우쳐 집착하거나 근심하지 않으며,

번뇌에 스며들지 않는 자를 바라문이라고 부른다." – #636

"성인은 어느 것, 어떤 것에 머물러 집착하지 않는다.

사랑하거나 미워하지도 않는다.

또 슬퍼하지도 않고, 인색하지도 않는다.

마치 연꽃잎에 물이 묻지 않는 것처럼." – #811

"어떤 것도 소유하거나 집착하지 않는 것,

이것이 (평온하고 고요한 경지의) 마음이고, 열반이다.

또한 늙음과 죽음의 소멸이기도 하다." – #1094

"스스로 자신의 길을 만들어 감으로써 온전한 평온에 도달한다.

의심을 초월해 생존과 소멸을 버리고, 청정하게 행하며

다시는 미혹한 세상에 태어나지 않는 사람,

이를 진정한 수행자라고 한다." – #514

"과거에 있었던 번뇌로운 일들에 집착하지 말라.
미래에 일어날 일에 있어서도 염려하지 말라.
바로 지금 그대가 어떤 것에 집착하지 않는다면
그대는 평온을 찾은 사람이다." – #1099

"온갖 욕망에 대한 탐욕을 억제하라.
출리出離를 안온하다고 여겨라.
받아들여야 할 것도, 버려야 할 것도
그 어떤 것도 자신에게 남아 있게 하지 말라." – #1098

"세상 사람들은 환상과 생각에 사로잡혀 있다.
생각이 바로 사람들을 그릇되게 행동하도록 만든다.
그릇된 생각(집착)을 끊으면
그곳이 바로 안온하고 평온한 경지이다." – #1109

　대승불교와 중국에서 발전한 선禪에서도 깨달음의 경지를 표현할 때, 옳고 그름을 초월하고, 분별심이 끊어진 자리가 평상심平常心이라고 하였다. 『금강경』에서도 부처님께서는 "모든 중생을 제도하겠다는 마음을 갖되 '내가 중생을 제도하였다, 중생에게 무언가 베풀었다'는 "상相(자신의 고착된 사고방식·집착·편견·분별심·교만심)을 갖지 말라"고 하셨다. 그러면서 "상을 여읜 자리가 바로 부처의 경지[離一切諸相 則名諸佛-14품]"라고 하셨다. 부처님께서는 제자들에게 무소유를 계율로 강조하셨다. 무소유적 삶을 지향함으로써 탐욕과 분노를 조절하라는 의미이다. 무소유야말로 평온을 유지할 수 있는 길이요, 해탈로 가는 지름길이기 때문이다. 이러한 원리는 재가자의 삶에서도 마찬가지일 것이다. 최대한 번잡한 일을 줄이고, 단순하게 하며 열심히 정진해야 한다.

O2 『법구경』

불교적 웰빙(well-being), 힐다잉(heal-dying), 웰다잉[well-dying]의 길

『법구경』은 어떤 경전인가?

『법구경法句經』은 '가르침의 말씀' 또는 '진리의 길'이라는 뜻으로, 초기불교 교단 내에서 다양한 형태로 구전되던 시詩[진리]를 모아놓은 것이다. 『법구경』은 세계의 각 언어로 번역되어 불교 경전 가운데 가장 애독되는 경전이다. 우리나라에서도 이 경전은 불자뿐만 아니라 많은 사람들로부터 사랑받고 있다.

현재 우리나라에 유통되고 있는 『법구경』은 빨리본과 한역본이다. 20여 년 전부터 위빠사나 수행자와 초기불교 학자들이 늘어나면서 빨리본 『법구경』이 널리 퍼졌다. 두 본의 『법구경』은 배열 방식이나 내용이 같지 않다. 이러한 점만 봐도 현재 우리나라에 유통되고 있는 한역본이 빨리본을 그대로 옮긴 것이 아님을 확실히 알 수 있다. 이 책에서는 우리나라가 대승불교 국가임을 감안해 한역본 『법구경』을 따르기로 했다.

『법구경』은 『숫따니빠따』 이후 편찬되었으므로 3세기말~2세기 초에 편집되었을 것으로 추론한다. 출가자와 재가자 모두에게 교훈이 되는 내용으로 구성되어 있는데, 주제별로 살펴보면 이러하다. 수행 원리 및 제시·도덕적 규범·연기설·중도·인연·무상·무아·고·과보·오온·죽음·윤회·참회·진리·행복 추구

불교적 웰빙의 길, 『법구경』

『법구경』은 기원전 3세기말~2세기 초에 편집되었을 것으로 추론

'가르침의 말씀'또는 '진리의 길'이라는 뜻으로, 초기불교 교단 내에서 다양한 형태로 구전되던 시[진리]를 모아놓은 것.

빨리 삼장에서는 소부경전[쿳다까니까야]의 15경 가운데 한 경전에 속해 있음.

세계의 각 언어로 번역되어 불교 경전 가운데 가장 애독되는 경전

수행 원리를 제시, 도덕적 규범, 연기설, 중도, 무상, 무아, 고, 과보, 오온, 죽음, 윤회, 참회, 진리, 행복 추구 등 불교의 근본적인 가르침을 일반인들이 쉽게 이해할 수 있는 평이한 용어로 서술.

등이다. 이 경은 불교의 근본적인 가르침을 일반인들이 쉽게 이해할 수 있는 평이한 용어로 서술하고 있다.

자기 자신을 잘 제어하라 : 마음 다스리기

"자기야말로 자기의 주인이다.
밖의 어느 누구라도 그대의 주인이 될 수 없다." – #160

"전쟁터에서 백만 적군을 이기는 것보다
자기 한 사람을 이긴 사람이 가장 위대한 승리자다." – #103

"자기를 이기는 것이 제일이다.
이런 사람을 사람 중의 왕이라고 한다.
다른 여러 사람을 이기는 것이 아니다.
오직 자기를 이겨야 한다." – #104

"자기 자신은 자신을 주인으로 한다.
자기 자신 이외에 주인이 따로 없다.
장수가 말[馬]을 잘 다루는 것처럼,
자기 자신을 잘 다루어야 한다." – #380

"활 만드는 사람은 줄을 다루고
배 부리는 사람은 배를 다루며,
목수는 나무를 잘 다루듯이
어진 사람은 자기를 잘 다룬다." – #145

파스칼(Pascal, 1623~1662)은 "불행의 원인은 늘 자기 자신이 만든다"는 말을 하였다. 정글의 제일 무서운 사자에게 적이 없는데, 오직 무서운 적은 자신의 몸에서 나온 벌레이다. 곧 자신의 몸에서 생겨난 벌레에 의해 큰 덩치의 사자도 죽어간다는 뜻이다. 자신을 극복하고, 자신의 마음을 다스림으로써 해탈 열반에 이를 수 있다. 『법구경』에는 이 부분이 생략되어 있는데, 자신을 다루고 자신의 진정한 주인이 되기 위해서는 무엇보다도 필요한 항목이 인욕이다. 부처님께서도 "가장 큰 복이 보시이지만, 보시보다 인욕이 더 큰 복이다. 인욕은 편안한 집, 재앙과 유혹에 깃들지 아니하고, 인욕은 커다란 배, 험난한 바다를 헤쳐 나갈 수 있다(『나운인욕경』)"고 하시며 인욕을 강조하셨다.

업 그리고 인과 이야기

"악한 일은 반드시 자기를 괴롭게 한다.
그러나 그것을 행하기 쉽다.
착한 일은 자기를 편안하게 한다.
그러나 그것을 행하기 어렵다." – #163

"선한 사람도 선의 열매가 완전히 맺기 전에는 화禍를 만난다.
그러나 선의 열매가 익은 후에는 복을 받는다.
악한 사람도 악의 열매가 완전히 익기 전에는 복을 받는다.
악의 열매가 익은 후에는 악한 사람은 반드시 화를 받는다." – #119~120

"원한을 원한으로 갚으려고 하지 말라.
원한을 원한으로 갚으려고 하면, 업의 인과가 결코 끝나지 않는다.
이것은 영원한 진리이다." – # 005

"사람이 비록 악행을 했을지라도 그것을 자주 되풀이하지 말라.
그 가운데는 좋은 일이 없나니,
악이 자꾸 쌓이는 것은 괴로운 일이다." – #117

"사람이 만일 복을 짓거든 그것을 자주 되풀이하라.
그 가운데는 좋은 일이 있나니,
복이 자꾸 쌓이는 것은 즐거운 일이다." – #118

"젊어서 청정한 행을 닦지 아니하고
또한 젊어서 재물도 모으지 못했다면
(늙어서) 고기 없는 빈 연못을 속절없이 지키는
늙은 따오기처럼 쓸쓸히 죽어간다!" – #155

    석가모니 부처님이 깨달으신 것은 연기설이다. 감히 중생의 입장에서 부처님의 깨달음을 언급하는 것은 어불성설이지만 연기설은 심오한 진리 그 자체이다. 이 연기설은 다양한 내용으로 발전했는데, 인과설因果說도 연기설 가운데 하나이다. 물론 부처님께서는 이 연기설에 대해 "내가 아닌 누구라도 깨달으면, 연기설을 언급할 것이다"라고 하면서 당신이 창조한 것이 아니라고 하셨다. 이 말에는 연기설에 보편타당한 우주 원리의 법칙이 담겨 있다는 말이요, 어느 누구라도 깨달음에 있어서 같다는 의미가 담겨 있다. 연기설의 인과설을 보면, 선인善因에는 선과善果가 열리고, 악인惡因에는 악과惡果가 열린다. 젊어서 노력한 만큼 늙어서 좋은 과보가 있을 것이요, 대인관계 또한 복을 지은 만큼 복을 받기 마련이다. 인간은 사회적으로 관계를 맺고 살아가기에 이 인과설이야말로 출가자나 재가자 모두 성불보다 더 중시해야 한다는 생각이 든다.

악업을 돌려서 선업으로 전환하라

"마음은 편안하게 잠시도 머물러 있지 않는다.
끊임없이 변화해 끝을 모를 정도이다.
지혜로운 이는 잘 알아서 악을 돌이켜 복으로 만든다." – #029

"비록 불자로서 경전을 적게 독송할지라도
진리에 수순하고, 탐·진·치 3독을 여의며,
정법을 배우고, 이생과 내생 어디에도 집착하지 않으면
이 사람을 참다운 부처님의 아들이라고 할 수 있다." – #020

"지혜가 부족한 사람은 게으름에 빠진다.
반대로 마음을 잘 제어하는 사람은
자신의 마음 보석을 지키기 위해 열심히 정진한다." – #26

"지혜가 없는 사람은 선정에 들기 어렵고,
또한 선정이 없는 사람은 지혜가 자라지 않는다.
선정과 지혜를 쌍으로 갖춘다면,
해탈 열반에 가까이 다가간 자라고 할 수 있다." – #372

"사람이 만약 바른 법을 모르면
그 늙음은 마치 소가 나이 들어가는 것처럼
노쇠해지는 것이다.
한갓 살아가면서 살만 찌울 뿐
지혜로움이 하나도 붙은 것이 없다." – #151

"집착의 근본인 애욕에 빠지면

근심 걱정은 날로 늘어갈 뿐이다.

비가 내린 뒤에 비라나 풀이 무성하게 자라나듯이" – #335

"수행자여! 그대의 배 안에서 물을 퍼내라.

그러면 배는 가벼워져서 순조롭게 항해하리라.

탐욕과 성냄을 제거한다면

그대는 해탈 열반에 가까이 다가간 사람이다." – #369

『화엄경』에는 "범부에게 세 가지 병이 있는데, 탐·진·치 3독이다. 탐욕의 병이 있는 사람에게는 백골관이나 부정관不淨觀 수행을 하게 하고, 성내는 병이 많은 사람에게는 자비관慈悲觀을 수행케 하며, 어리석은 병이 있는 사람에게는 연기를 관觀하게 하라"고 하였다. 초기불교 경전을 비롯해 대승불교 경전을 망라해 가장 강조하는 내용이 탐·진·치 3독 제거이다. 특히 경전에서는 3독을 여의는 방법으로 계·정·혜 3학을 강조하고 있다.

행복한 삶의 길
– 불교적 웰빙

"바른 생각으로 신중하게 사색하며,

행동은 청정하고, 주의를 기울여 행동하라.

자신을 제어하고, 법답게 살면

그 사람의 명성은 세상에 알려진다." – #024

"원망하지 않고 즐겁게 살아가라.

원한을 품고 있는 사람들 사이에 있으면서도
원망하지 말고 살아가라." – #197

"법락法樂을 즐기며, 열심히 정진하라.
감각기관을 잘 다스려 마음을 잘 제어하라.
그대 자신을 위험한 곳[번뇌]으로부터 구제하라.
마치 늪에 빠진 코끼리가 빠져나오듯이." – #327

"죽기 전에 그릇된 집착이나 소견을 버려라.
과거에 집착하지 말고, 현재에도 미련을 갖지 말라.
지혜롭게 관찰하면, 미래의 일에 걱정할 것이 없다." – #849

"과거에도 머물지 말고, 미래·현재에도 머물지 말라.
마음이 과거·현재·미래, 어디에도 머물지 않는다면
번뇌의 고통을 받지 않는다." – #348

"집을 소유했든 하지 않았든 간에
상관없이 마음에 두려움이 없고,
적은 것에 만족하고, 욕심이 없는 사람,
나를 그를 위대한 성자라고 부른다." – #404

"복이나 죄를 함께 여의어 마음 두지 않고,
그 어느 것에도 집착이 없으며,
슬픔과 욕심이 없는 사람,
나는 그를 위대한 성자라고 부른다." – #412

"성자는 욕심이 없어 가는 곳마다 그 모습이 여법하다.
즐거운 일을 겪든 괴로움을 만나든
허덕이거나 슬퍼하지 않는다." – #083

"이 세상의 모든 것은 실체가 없다.
이렇게 지혜로써 깨달은 사람은
고통과 고뇌를 느끼지 않아 하는 일마다 자취가 청정하다." – #279

대부분의 사람들은 '행복'을 미래 목적지에 둔다. 어떤 일을 성취해야 하고, 경제가 풍족해야 행복의 목적지에 도달한다고 보는 경향도 있다. 하지만 행복의 목적지는 없다. 곧 삶의 과정 과정에서 행복을 자각하는 그 순간이 행복의 목적지이다. 지금 현재 행복하지 않다면 미래의 행복은 없다. 그러니 과거를 걱정하지 말고, 미래를 염려하지 않으며, 현재의 삶에 충실하면서 함께하는 사람에 올인(all in)한다면 바로 그 자리가 행복이다. 한편 현 삶에 만족하고, 감사하는 마음으로 살아가는 것, 이것이 웰빙(well-being)이다.

죽음을 초연히 받아들이기
– 불교적 웰다잉

"이 몸은 머지않아 반드시 땅으로 되돌아간다.
정신이 한 번 몸을 떠나면 해골만이 땅 위에서 뒹굴 것이다." – #041

"이 세상을 물거품과 같다고 여겨야 한다.
또 이 세상을 아지랑이 같다고 마음에 품어야 한다.
이렇게 세상을 관하는 사람은 죽음도 그를 해치지 못한다." – #170

"허공도 아니요, 바다도 아니다.
깊은 산 바위틈에 숨어도
죽음의 힘이 미치지 않는 곳은
이 세상 어디에도 없다." – #128

"소치는 목동이 채찍으로
소를 몰아 목장으로 가는 것처럼
늙음과 죽음도 또한 그러해
사람의 목숨을 쉼 없이 몰아간다." – #135

"무엇을 웃고 무엇을 기뻐하랴!
세상은 쉼 없이 타고 있다.
그대들은 어둠속에 덮여 있구나.
어찌하여 등불을 찾지 않는가?!" – #146

마라톤에서 가장 힘들 때가 도착점(finish)을 남겨놓은 100미터 지점이라고 한다. 어떤 일이든 용두사미가 되지 않고, 끝맺음이 중요함을 의미한다고 본다. 불교에서 죽음의 완성인 열반·해탈을 중요시 하듯이 웰다잉(well-dying)이 삶의 완성이라고 본다.

미리 우물을 파 놓아야 꼭 마시고 싶을 때 물을 마실 수 있는 것처럼, 살아가는 동안 땀과 눈물의 노력을 기울인다면, 웰다잉은 저절로 될 것이다. 곧 삶의 과정 과정을 중요시해 행복한 삶을 일구며, 주변 사람들과 좋은 인연을 유지한다면, 죽음 또한 아름답게 회향할 수 있으리라. 곧 인생을 열심히 살면[→웰빙], 잘 죽는 것[웰다잉]은 자연스런 과보로 따라온다. 무엇을 두려워하랴! 이 순간 순간 열심히 살면 되지 않는가?!

03 『아함부 경전』

삶과 수행의 원리, 불교의 근간

아함부는 어떤 경전인가?

석가모니 부처님 재세 시에는 부처님이 곧 경이고, 율이었다. 부처님께서 열반하시고, 교법을 경장經藏으로 정리하고 수행자들의 수행 규칙과 승가의 규범을 율장律藏으로 정리하였다. 곧 아함과 니까야는 경장에 해당한다.

아함은 산스끄리뜨어로 쓰여 있으며, 북방불교[대승불교: 한국·중국·일본·티벳·베트남]에 속하는 경전으로, 아가마(Āgama)라고 한다. 곧 '구전되어온 전승傳承·법장法藏·전교傳敎'라는 의미이다. 이에 해당하는 문헌으로 남방불교[상좌부불교: 태국·미얀마•·캄보디아·스리랑카 등]에서는 '니까야[Nikāya]'라고 하는데, 빨리[pali]로 쓰여 있다. 즉 아함부 경전은 대승불교에 속하는 경전이고, 니까야는 상좌부불교의 소의경전이다.

일반적으로 '아함경'이라고 하지만, 엄격히 언급하면 부적합한 말이다. 곧 수많은 경전들을 아함이라는 이름 아래 모아놓은 경집經集이기 때문이다.

부처님께서 열반하고, 100여 년 후 승단이 상좌부와 대중부로 파가 나뉘어졌다. 이후 점점 파가

● 미얀마에서는 『밀린다왕문경[那先比丘經]』도 삼장 속에 포함시켜 소중한 경전으로 모신다.

불교의 근간인 아함부 경전

아함은 산스끄리뜨어로 아가마(ĀGAMA)라고 함.
'구전되어온 전승, 법장, 전교'라는 뜻을 가짐.
수많은 경전들을 아함이라는 이름 아래 모아놓은 경집.
아함은 북방불교[대승불교: 한국·중국·일본·티벳·베트남]에 속하는
경전이고, 남방불교[상좌부불교: 태국·미얀마·캄보디아·스리랑카 등]
에선 니까야[NIKAYA]라고 함.
아함과 니까야는 유사한 내용은 있지만, 완전히 일치하지는 않음.

아함부 경전은 중국에서 4세기 말엽부터 5세기 초반에 한역이 이루어짐,
북방불교 4부 아함(잡아함, 중아함, 장아함, 증일아함)이 있음.

아함부와 니까야는 대부분 수행 원리와 관련된 내용이 담겨 있음.
연기설·3법인[苦, 無我, 無常]·중도·3독·3학·4성제·5온
·12연기·12처·18계·8정도·4념처·37조도품·4향4과·업과 윤회
·보시와 인욕·부처님과 제자들의 수행 대담·당시 사상가들의 이야기
·제자들의 수행 이야기·마구니를 등장시켜 대담을 통해 불교 수행방법을
부각시키는 내용 등등.

갈라져 20부파가 되었다. 아함에 왜 여러 종류가 있는가에 대해서는 이설異說이 많지만, '각 부파에서 전승되어온 아함부 경전'일 거라는 학설이 보편적이다. 한편 한역 아함부 경전은 한 부파의 경전이 중국에 전해졌을 것으로 추론하기도 한다. 아함과 니까야의 내용이 유사성은 있지만, 완전히 일치하지는 않는다.

먼저 한역본을 보자. 아함부 경전이 대략 4세기 무렵, 중국에 전해져 4세기 말엽부터 5세기 초반에 한역이 이루어졌다. 당시 이루어진 아함에는 네 부류의 아함이 있다.

❶ 잡아함은 아함부 가운데, 제일 먼저 이루어졌다. 아함부 경전 가운데 대표 경전군으로 선禪과 관련된 내용이 많은 편이며, 짧고 간결하며 교훈적인 내용들이다.

❷ 중아함은 내용의 길이가 비교적 중간쯤 되는 것으로 구성되어 있다.

❸ 장아함은 비교적 긴 경으로 대표 경전으로는 『대반열반경』과 『육방예경』 등이다.

❹ 증일아함은 법수法數의 순서대로 나열했는데, 1법~10법까지 순서대로 배열되어 있어 점차 증가하는 측면으로 구성되어 있다.

다음은 아함과 니까야를 도표(이 책 55쪽 참조)로 비교해 보자.

5부 니까야 가운데 쿳다까 니까야에는 『숫따니빠따(Sutta-nipāta)』·『법구경法句經(Dhammapada)』·『무문자설경無問自說經(Udāna)』·『장로게長老偈(Theragāthā)』·『장로니게長老尼偈(Therīgāthā)』·『본생담本生譚(Jātaka)』·『본사本事(Itivuttaka)』·『천궁사天宮事(Vimānāvatthu)』·『아귀사餓鬼事(Petavatthu)』·『비유경譬喻經(Apadāna)』·『의석義釋(Niddesa)』·『무애해도無碍解道(Paṭiambhidā magga)』·『불종성佛種姓(Buddhavaṃsa)』·『소

아함과 니까야 비교

남방불교
5부 니까야

쌍윳따(SAMYUTTA) —— 2875경, 5품으로 분류
맛지마(MAJJHIMA) —— 152경, 약 50경씩 3편으로 분류
디가(DIGHA) —— 34경, 3편으로 분류
앙굿따라(ANGUTTARA) —— 2198경, 1법~11법 순서대로 배열
쿳다까(KHUDDAKA) —— 15경

북방불교 4부 아함

잡아함 —— 50권 1362경
중아함 —— 60권 222경
장아함 —— 22권 30경
증일아함 —— 51권 472경
(1법~10법)

유부 - 435년 - 구나발타라
유부 - 397~398년 - 승가제바
법장부 - 413년 - 불타야사
축불념
대중부 - 397년 - 승가제바

행장所行藏(Cariyāpiṭaka)』·『소송小誦(Khuddakapāṭha)』 등 15경이다.

아함부와 니까야는 대부분 수행 원리와 관련된 내용이다. 연기설·3법인[苦, 無我, 無常]·중도·3독·3학·4성제·5온·12연기·12처·18계·8정도·4념처·37조도품·4향4과·업과 윤회·보시와 인욕·부처님과 제자들의 수행 대담·당시 사상가들의 이야기·제자들의 수행 이야기·마구니를 등장시켜 대담을 통해 불교 수행방법을 부각시키는 내용 등이다.

예전에는 우리나라를 포함해 대승불교 국가에서는 아함부 경전을 '소승'이라는 명칭으로 도외시했다. 최근 우리나라에서는 1990년대 이후 초기불교 연구자가 늘고 있으며, 위빠사나 수행자가 늘어나면서 초기불교 연구가 자리 잡은 지 오래 되었다. 일본은 우리나라보다 70여 년 앞서서 니까야를 발간하고[대략 1920년대], 아함과 니까야를 대조해 연구하였다. 게다가 현재 서양에서 발단된 불교학은 니까야를 중심으로 연구되고 있으며, 명상의 소의경전으로 삼고 있다.

앞에서 언급한 대로 예전에는 아함부 경전을 하열하게 다룬 측면이 많았지만, 아함부에서 다루는 진리는 대승불교의 근간이요, 전 불교의 중추적인 역할을 한다. 다음은 아함부 경전을 중심으로 중생의 삶과 밀접한 내용을 엄선하였다.

❶ 삶의 현실 그대로를 직시하라

부처님께서 기원정사에 계실 때이다. 어느 과부가 오로지 아들 하나만 바라보고 살았다. 그런데 어느 날부터 아들이 시름시름 앓더니, 삶을 마감했다. 그 과부는 아들 시신을 품에 안고 거의 미친 듯이 돌아다녔다. 과부는 지푸라기라도 잡는 심정으로 한걸음에 기원정사로 달려갔다. 부처님을 뵙자마자 여인이 말했다.

"부처님, 저는 남편도 없이 홀로 아들을 키웠는데, 그 아들이 죽었습니다.

부처님, 제발 아들을 살려주십시오.”

부처님께서는 그 여인에게 말씀하셨다.

“네가 아들을 살리고자 한다면, 내가 말한 대로 하여라. 저기 사위성 마을로 들어가 죽은 사람이 한 사람도 없는 가정에서 불씨를 구해온다면, 네 아들을 살려 주겠다.”

여인은 아들을 살릴 수 있다는 말에 불씨를 구하고자 온 마을을 쏘다녔다. 그런데 아무리 다녀도 구할 수가 없었다. 어느 집에서는 몇 년 전에 할아버지가 돌아가셨다고 하고, 또 다른 집에서는 작년에 아들이 죽었다고 하고, 또 어느 집에서는 할머니가 죽었다는 등 죽은 사람이 한 사람도 없는 집은 단 한 집도 없었다. 할 수 없이 여인은 부처님께 되돌아와, ‘불씨를 구하지 못했다’고 말하자, 부처님께서 여인에게 말씀하셨다.

> “사람이 살면서 네 가지를 면할 수 없다.
> 이 세상 모든 것은 영원한 것이 없는 것이요,
> 아무리 부귀하더라도 반드시 빈천해지는 것이며,
> 어떠한 것이든 모이면 흩어지기 마련이고,
> 건강한 육신을 가진 사람도 때가 되면 반드시 죽게 마련이다.”
>
> – 「출요경」「무상품」

이 여인은 부처님께서 자신에게 왜 불씨를 구해오라고 했는지를 깨달았다. 여인은 아들의 죽음을 계기로 출가하여 비구니[끼사고따미]가 되었고, 무상관으로 수행해 아라한이 되었다. 그녀는 평생 낡은 가사를 걸치고 수행했다고 하여 비구니 가운데 ‘두타제일’이라고 칭하였다. 인간은 태어나면 아프고, 늙어가며 죽을 수밖에 없다[→生老病死]. 또한 어떤 물건이든 머물다가 사라지게 되어 있다[→成住壞空]. 어떤 것이든 영원한 것은 없다[無常]. 이것은 당연한 실상實相이다. 그래서 부처님께서는 영원한 지복至福인 깨달음만이 행복이라고 말씀하셨다. 부처님께서는 현재 우리에게 현실적으로 벌어지고 있는 일들, 바로 있는 그대로의 직시를 통해 해탈열반 추구를 강조하셨다.

❷ 자기 자신과 진리[法]를 등불로 삼아라

비구 중에 박카리라는 승려가 있었다. 박카리는 더 이상 치유될 수 없는 중병에 걸려 있었던 것 같다. 그는 육체적 병고 때문에 스스로 생을 마감하려는 생각까지 할 만큼 힘들어했다. 자신의 삶이 얼마 남지 않은 것을 예견하고 부처님을 꼭 한 번 뵙기를 고대했다. 부처님께서 이를 아시고 박카리의 처소로 찾아오셨다. 박카리가 병든 몸을 겨우 일으키며 부처님께 예를 갖추려고 하자, 부처님께서 박카리에게 말씀하셨다.

"박카리야, 나의 이 늙은 몸을 보고 예배한들 무슨 소용이 있겠느냐, 진리[法]를 보는 자는 곧 부처를 보고, 부처를 보는 자는 진리를 본다."

– 『상응부相應部』 권3

여기서 부처님께서 말씀하신 '부처를 보고…'의 부처라는 존재는 2500년 전 인도 까삘라성의 성자인 석가모니 부처님을 지칭하지 않는다. 부처님께서는 교조주의적인 사고방식을 드러내지 않았으며, 당신을 신격화하는 것조차 금하셨다. 그러기에 부처님께서는 열반하실 무렵, 제자들에게 당신 입멸 후 사리조차 섬기지 말고, 수행자의 본분에 힘쓸 것을 강조하셨다.

부처님께서 열반이 다가오자, 아난다 존자에게 말씀하셨다.
"아난다여, 그대들 비구들은 자신을 의지처로 하고 자신에게 귀의할 것이며 타인을 귀의처로 하지 말라. 또 진리를 의지처로 하고 진리에 귀의할 것이며, 다른 것에 귀의하지 말라." – 장아함 『유행경』

"비구들은 자기를 섬[洲]으로 삼아 자기를 의지하라.
법을 섬으로 삼아 법을 의지하라.•" – 잡아함 『포살경』

❸ 삶의 발자욱은 사라지지 않는다

불교에는 '업[業, karma]'이라는 말이 있다. 보통 3업[身·口·意]을 말하는데, 몸으로 행동하는 것, 입으로 말하는 것, 생각으로 나쁜 의도를 갖는 것이다. 이를 확장한 것이 10업[살생·투도·사음·망어妄語·기어綺語·양설兩舌·악구惡口·탐욕·성냄·어리석음]이다. 불교에서는 선업善業과 악업惡業을 말하지만, 정확한 구분은 없다. 즉 악업을 짓지 않는 것, 그 자체가 선업이 된다. 한편 바르게 정진하는 것 또한 선업에 해당한다. 혹 어떤 사람이 악업을 지었다면, 다른 종교에서는 '신이 용서했다'고 할지 모르지만, 불교에서는 당사자가 업보를 받는다. 업은 피할 길이 없다.

"만일 고의로 업을 지을 때는 반드시 그 과보를 받나니 현세에 받을 때도 있고, 내세에 받을 때도 있다."

– 중아함부 『사경思經』

우리는 지은 업보에 따라 윤회한다. 곧 현세에 좋은 행동을 하면, 다음 생에 좋은 곳이나 경제적 요건이 갖춰진 곳에 태어나고, 그렇지 못하면 축생으로 태어날 수도 있는 것이다. 그리고 지금

● 빨리어 dipa에 해당하는 산스끄리뜨어는 dipa와 dvipa가 있다. 전자는 '등불'을 뜻하고 후자는 '섬'을 뜻한다. '섬'과 '등불'을 뜻하는 동음이의어를 두고 동아시아 번역자들은 '섬'보다 '등불'을 선택한 것이다. 외로운 '섬'보다는 무명無明을 밝혀주는 '등불'을 선택했다고 보인다. 조성택, 『불교와 불교학』,(서울: 돌베개), 198~201쪽 참조

현재의 삶도 과거 자신이 지은 업이 펼쳐지고 있는 것이요, 현재의 행에 의해 미래를 예견할 수 있다.

전생의 일을 알고자 하는가?
지금 받고 있는 업이 이것이다.
다음 생의 일을 알고자 하는가?
지금 짓고 있는 행위가 다음 생의 과보이다.
欲知前生事　今生受者是　欲知來生事　今生作者是
― 『불설삼세인과경』

이 업과 윤회설은 인도사상인데, 부처님도 이 점을 수용하였다. 그런데 악업을 많이 지었는데도 잘 사는 사람이 있고, 반대로 착하게 사는데도 늘 어렵게 사는 사람이 있다. 인과응보 진리에 맞지 않다고 생각할 것이다. 다음 『법구경』에 이에 대한 답변이 있다.

"악의 열매가 완전히 익기 전에는 악한 사람도 복을 받는다. 그러나 악의 열매가 완전히 익었을 때 악인惡人은 반드시 죄를 받는다." ― #119

"선의 열매가 완전히 익기 전에는 선한 사람도 재앙이 따른다. 그러나 선의 열매가 완전히 익었을 때, 선인善人은 반드시 복을 받는다." ― #120

"'그것을 해도 화가 미치지 않을 것이다'라고 생각하고, 조그만 악을 가벼이 여기지 말라. 비록 한 방울 한 방울이 적을지라도 그 물이 고여 큰 항아리를 채우나니, 이 세상의 큰 죄악도 작은 악이 쌓여서 되는 것이다." ― #121

"'그것은 복이 되지 않을 것이다'라고 생각하고 조그마한 선을 가벼이 여기지 말라. 한 방울 한 방울이 비록 적을지라도 그 한 방울 한 방울이 고여서 큰 항아리를 채우나니 이 세상의 행복도 작은 선이 쌓여서 이루어진 것이다." – #122

악업으로 인한 과보는 어느 시간, 어느 생에라도 받게 되어 있다. 과보에 순생보順生報·순현보順現報·순후보順後報가 있다. 순생보는 현재의 과보를 다음 생에 받는 것이요, 순현보는 이 생에 지어서 현생에 받는 것이며, 순후보는 여러 생에 걸쳐서 그 과보가 나타나는 것이다.

하지만 너무 두려워하지 말자. 업 사상이 있기에 수행하여 업보에서 벗어나 부처님처럼 되고 싶은 의지가 있는 것이요, 참회와 수행을 통해 얼마든지 업을 완화하거나 전환시킬 수 있기 때문이다.

❹ 내가 소중한 만큼 모든 존재가 다 소중한 법

아기를 잡아먹는 포악한 야차녀[夜叉女: 귀신의 일종]가 있었다. 그녀는 동네에서 가장 어린 아기들을 잡아먹고 있었다. 야차녀에게 아들을 잃은 여인들이 비통해 하며 부처님께 찾아와서 하소연을 하였다. 부처님은 야차녀의 버릇을 고쳐주기 위해 그녀의 자식 가운데 한 명을 몰래 데려다 숨겼다. 집으로 돌아온 야차녀는 아기가 없어졌다는 것을 알고 아기를 찾아 나섰다. 그녀는 부처님이 머물고 있는 곳에 와서 아기를 잃어버렸다고 하소연하였다. 부처님은 야차녀에게 아기를 되돌려주며 말씀하셨다.

"너의 많고 많은 자식 중에 겨우 한 명을 잃었는데도 몹시 슬퍼하는구나. 너는 자식 하나를 잃고도 이렇게 슬퍼하는데 너에게 자식을 잡아먹힌 부모의 마음은 어떻겠느냐? 너의 아기가 소중하듯 다른 여인들의 아기도 매우 소중한 법이다." - 증일아함 「고당품」 ; 「잡보장경」

이후 야차녀는 부처님께 귀의하여 불법을 옹호하고, 불교를 수호하는 호법신장이 되었다.

또 다른 이야기를 보자. 부처님께서 사위성 기원정사에 계실 때이다. 꼬살라국의 빠세나디왕(Pasenadi, 파사익왕)은 왕비 말리까(말리) 부인에게 물었다.

"그대는 이 세상에 가장 소중한 것이 무엇입니까?"

"대왕이시여! 제게는 저 이상으로 소중한 것이 이 세상에 아무 것도 없습니다."

왕은 왕비의 말에 수긍은 하면서도 조금 미심쩍은 부분이 있어 부처님께 사신을 보내어 이 이야기를 전하고 '그 생각이 옳은지를 여쭈어 보라'고 하였다. 부처님께서 사신의 말을 듣고, '옳은 말'이라고 전했다. 다음날 왕은 직접 기원정사로 부처님을 찾아갔다.

이때 부처님께서 다음과 같은 게송을 설하셨다.

"마음속, 어느 곳을 찾아보아도 자신보다 더 소중한 것은 이 세상에 없다.
내가 이러하듯 다른 사람도 똑같은 생각을 할 것이다.
제 몸을 아끼고 자기를 사랑하는 사람은 절대 남을 해쳐서는 안 된다."
                                                                    - 「우다나」

요즘은 갑을 논쟁이 끊임없이 발생하고 있고, 인종차별과 여성인권이 침해받는 불평등한 현실이 온갖 사회문제를 일으키고 있다. 자신은 타인으로부터 존중받기를 원하면서 다른 사람을 존중하는 배려가 부족하다. 내 것만이 소중하고, 나만이 최고라는 생각은 어리석은 일이다. 내가 이 세상에서 가장 소중하고 최고라면, 다른 존재도 모두 그러하다.

❺ 과거·미래가 아닌 현재 시점에 머물러라…. 그리고 그 현재에도 집착하지 말라.

"지나간 일에 근심하거나 걱정하지 않고, 앞으로 생기지도 않은 일에 마음 쓰지 않으며 현재에 자각하는 그대로, 있는 그대로 바른 지혜로 사띠[sati, 念]를 유지하라. 현재에 머물러 있으면, 밝고 환한 얼굴을 갖게 된다. 다가올 미래 일에 마음을 치달리거나 지나간 일을 돌아보고 근심하며 자신을 괴롭히는 것은 어리석음의 불로 스스로를 태우는 것, 마치 우박이 초목을 때리는 것과 같다." – 잡아함 『아란야경』

"과거는 이미 지나갔고, 미래는 아직 오지 않은 것. 오로지 현재 일어난 것들을 관찰하라. 어떤 것에도 흔들리지 말고, 그것을 추구하고 실천하라. 오직, 오늘 마땅히 할 바를 열심히 하라." – 중아함 『온천림천경』

임제 선사(?~866)는 "바로 지금, 여기일 뿐 다른 시절은 없다[即是現今 更無時節]"고 하였다. 또 대만의 성엄 스님 말씀에 이런 말이 있다.

"앞 생각[前念] 뒷 생각[後念]으로부터 자신을 고립시키고 현재의 순간에 머물라." – 성엄, 대성 역, 『마음의 노래』, 37쪽 참조

"수행의 결과에는 신경 쓰지 말라. 그 역시 가고 오고 변할 것이다. 그저 현재의 순간에 마음 두는 최선의, 가장 안전한 수행 방식이다." – 성엄, 대성 역, 『마음의 노래』, 93쪽

'현재에 올인(All-in)'하는 것은 수행에서 매우 중요한 항목이다. 물론 대승불교에 와서 선禪이 발달하면서 과거·현재·미래 어느 시점에도 머물지 말아야 하며, 그 현재라는 것조차 의미가 없는 것으로 발전하였다. 여기서는 단순히 사띠(sati)를 챙길 때나 참선할 때, 현재에 집중하는 의미로 받아들이자. 그리고 삶에서도 이 자세는 반드시 필요하다고 본다.

04 『대반열반경』

인간 붓다, 그 정겹고도 아름다운 삶

『열반경涅槃經』이라고 할 때, '열반'은 죽음을 뜻하는 말이 아니라 '불어 끈다[吹滅]'는 뜻으로서 번뇌의 뜨거운 불길이 꺼진 고요한 상태, 즉 궁극적인 최고의 경계를 체득한 경지를 말한다. 또한 열반을 불멸不滅이라고 풀이하여 욕망이 소멸되는 의미를 뛰어넘어 법신法身·반야般若·해탈解脫의 세 가지를 동시에 갖고 있는 깨달음 자체를 의미하기도 한다. 부처님의 완전한 죽음을 반열반般涅槃(parinibbāna)이라고 한다. 이 반열반도 두 가지로 나뉜다. 대체로 석가모니 부처님 살아 생전의 깨달은 열반을 유여열반有餘涅槃이라고 하며, 육신이 소멸된 죽음을 무여열반無餘涅槃이라고 한다.

『대반열반경大般涅槃經』은 아함부 경전인 장아함長阿含 2권~4권에 해당하며, 『유행경遊行經』이라고도 하고, 장부경전(Dīgha-Nikāya) 33경 가운데 하나이다. 경전의 내용은 부처님께서 만년에 열반할 때가 되었음을 알고 영취산을 출발하여 꼬띠 마을, 나디까 마을, 상업도시 웨살리, 그리고 입멸 장소인 꾸시나가라에 도착해 편안히 열반할 때까지의 여정을 그대로 묘사한 경전이다. 이 외에도 경전에는 나라가 번성할 수 있는 칠불퇴법七不退法을 승가에 비유, 마지막 제자 이야기, 사리 분배 등 초기불교의 면모와 사상이 서술되어 있다.

인간 붓다, 그 정겹고도 아름다운 삶이 빛나는 『대반열반경』

『대반열반경』은 석가모니 부처님께서 열반에 들기 전 3개월간의 유행과 열반 직전에 설하신 최후의 설법으로 구성.

대승 아함부 경전인 장아함 2권~4권에 해당하고, 빨리 삼장 장부경전(DĪGHA-NIKĀYA) 33경 가운데 하나임.

부처님께서 만년에 열반할 때가 되었음을 알고 영취산을 출발하며 꼬띠 마을, 나디까 마을, 상업도시 웨살리, 그리고 입멸 장소인 꾸시나가라에 도착해 편안히 열반에 드실 때까지의 여정을 그대로 묘사함.

나라가 번성할 수 있는 칠불퇴법을 승가에 비유, 수행의 전반적인 지침, 암바빨리와 쭌다의 인연, 마지막 제자 이야기[수밧다], 부처님 열반과 말라족의 숭배, 사리 분배 등 초기불교의 모습과 우리와 똑같은 인간 붓다의 친근한 면모와 사상이 서술되어 있음.

우리와 똑같은 인간 붓다의 친근한 모습이 묘사되어 있다.

대승 경전에서는 부처님의 신이한 모습을 묘사하며 범접할 수 없는 위대한 존재로 표현하고 있다. 반면 아함부 초기불교 경전에서는 다른 경전에서는 볼 수 없는 면이 있다. 곧 부처님의 인간적인 측면이 고스란히 담겨 있으니, 몇 부분을 살펴보면 이러하다.

"아난다야! 그대들은 나에게 무엇을 더 기대하는가?! 나는 안팎을 털어놓아 모든 것을 이야기했다. 아난다야, 내 가르침에는 제자에게 숨기고 보여주지 않은 것은 하나도 없다."

"아난다야! 나는 늙고 몸이 많이 쇠하였다. 아난다야, 나의 육신은 마치 낡은 수레가 가죽 끈에 매여 있는 것처럼 겨우 움직인다. 이렇듯이 나의 몸도 가죽 끈의 도움을 받아서 유지하고 있는 것과 같다."

"내 나이는 익을 대로 익었고, 내 목숨은 얼마 남지 않았기에 그대들을 두고 나는 떠나야 하리니 나는 오직 나를 따르노라. 그대들은 애쓰고 힘써서 생각을 바로 잡고 계를 지켜가라."

어느 날 세존께서 아침 일찍, 발우를 들고 웨살리 마을로 탁발하기 위해 들어가셨다. 웨살리 마을을 돌며 탁발 공양을 마치고 마을을 나오면서 발걸음을 멈추었다. 부처님께서 마치 코끼리가 사물을 바라보듯이 지긋이 웨살리 마을을 바라보신 뒤, 아난다에게 말씀하셨다.

"아난다야! 여래가 웨살리 마을을 보는 것도 이것이 마지막이 될 것이다.

우리들은 이제부터 반다 마을로 가도록 하자.”

“아난다야! 나를 위해 사라쌍수 사이에 머리를 북쪽으로 향하게 해서 자리를 깔아라. 아난다야! 나는 피곤하다. 눕고 싶구나.”

“아난다야! 그대들에게 늘 말하지 않았더냐? 아무리 사랑하고 좋아할지라도 이별하고 헤어지는 때가 있다. 이 세상 모든 것들은 영원한 것이 하나도 없다[生住異滅]. 또한 어떤 물건이든 만들어졌다면 잠시 쓰이다가 언젠가는 없어지게 된다[成住壞空]. 머지않아 여래는 열반에 들 것이다. 지금으로부터 3개월 후, 여래는 열반에 들 것이다. 생명을 영원토록 하고자 하는 것은 만물의 순리順理를 거스르는 일이다.”

“비구들이여! 이제 너희들에게 마지막으로 말하노라. 이 세상에 존재하는 모든 것은 변하게 되어 있다. 게으름 피우지 말고 열심히 정진하여 꼭 수행을 완성토록 하여라.”

부처님과 아난다, 몇 비구들이 꾸시나가라로 향해가는 도중 부처님께서 나무 아래 앉으시더니 아난다에게 말씀하셨다.

"아난다야! 너는 가사를 네 겹으로 접어 땅에 깔아라. 나는 너무 피로하다. 좀 쉬고 싶구나."

진리 앞에는 남·녀, 빈·부·귀·천이 없다

부처님 재세 시 웨살리 마을에 암바빨리(ambapāli)라고 하는 유명한 유녀遊女가 살고 있었다. 바로 이 무렵에 암바빨리는 부처님께서 웨살리에 도착해 망고동산에 머물러 계신다는 소식을 듣고, 수레를 타고 부처님께 찾아갔다.

암바빨리가 부처님께 인사를 올리고 한쪽에 앉으니, 세존께서 암바빨리에게 가르침을 설해 주었다. 그녀는 기쁜 마음으로 부처님께 말씀드렸다.

"세존이시여! 내일 여러 비구들과 함께 부디 저의 공양을 받아 주소서."

부처님께서 침묵으로 허락하셨다.

암바빨리는 세존께서 수락한 것으로 받아들이고, 망고동산을 급히 떠났다. 마침 이때, 웨살리의 명문 귀족인 릿차비족 사람들도 부처님이 머물고 있는 망고동산으로 오고 있었다. 암바빨리는 집으로 돌아가는 중이고, 귀족들은 부처님 처소로 오는 길에 양쪽의 수레가 서로 부딪혀 귀족들의 수레가 전복되었다.

귀족들은 화가 나서 암바빨리를 꾸짖으며 말했다.

"암바빨리여! 그대는 무엇이 급해서 우리 수레를 전복시키는가?"

"어르신들! 용서해 주십시오. 실은 내일 부처님과 스님들을 공양에 초대하게 되어 마음을 서두른 탓에 이렇게 되었습니다."

"뭐라고? 부처님을 초대했다고?…… 그렇다면 암바빨리! 우리가 10만 금을 줄 테니, 내일 부처님께 공양 올리는 일을 우리에게 양보하지 않겠소?"
"안 됩니다, 어르신들. 설령 이 풍족한 마을 웨살리를 어르신들에게 전부 드릴지언정 그것만은 양보할 수 없습니다."
귀족들은 유감스럽게 여기며, 세존이 계시는 망고동산으로 향했다. 그들이 자리에 앉자, 부처님께서는 귀족들에게도 법을 설해 주었다. 부처님의 법문이 끝나자, 그들은 부처님께 간청하였다.
"세존이시여! 내일 암바빨리 여인의 공양청을 받았다고 하는데, 그 청을 거절하시고 비구들과 함께 부디 저희들의 공양을 받아 주소서."
"여러분의 마음은 고맙지만, 내일은 암바빨리의 공양을 받기로 약속되어 있으니 여러분의 청을 받아들일 수 없습니다."
세존의 대답에 귀족들은 땅을 치고 후회하며 망고동산을 떠났다. 다음날 유녀 암바빨리는 자신의 정원에 여러 가지 음식을 준비하고, 사람을 보내어 부처님과 비구들에게 오시라고 기별하였다.
부처님께서 사시 공양 때가 되어 발우를 들고 비구들과 함께 유녀 암바빨리의 집으로 향하셨다. 부처님과 비구들은 암바빨리의 집에 도착해 마련된 자리에 앉아 공양을 마쳤다. 공양을 다 마친 다음 암바빨리는 부처님께 말씀드렸다.
"세존이시여! 이 정원을 부처님과 제자들에게 보시하겠습니다. 부디 받아 주십시오."
세존께서는 암바빨리의 정원을 보시 받으시고, 그녀에게 진리를 설하신 뒤 암바빨리의 처소를 떠나셨다.

위 경전 내용에서 엿볼 수 있는 점은 부처님의 평등한 자비이다. 유녀에게서 먼저 받은 공양청을 왕족들의 공양청과 바꾸지 않았다는 점이다. 수드라 계급인 계율제일 우빨리 존자가 출가할 때도 부처님께서는 제자들에게 "세속에서 천민이었든 왕족이었든 간에 출가하면 법(진리) 앞에서는 모든 사람이 평등하다"고 말씀하셨다. 또한 인도에서는 고금을 막론하고, 여인 차별이 심한데 부처님께서는 여인에 대해서도 남성과 동등하게 보셨다는 점도 특기할 만한 일이다. 이와 같이 부처님은 계급 차별, 성차별을 뛰어넘은 휴머니스트였다.

유녀라는 말은 요즘의 창녀라는 의미로 바람직하지 못한 직업이지만, 부처님 당시에 유녀는 현대적 의미의 창녀라는 직업과는 다른 계급이었다. 즉 고대 인도의 유녀는 가수이자 무용가요, 음악가로서 대우를 받았던 직업이었다고 한다. 그래서 그런지 초기불교 경전에는 유녀가 자주 등장한다. 부처님을 친견한 이후 암바빨리는 출가하여 비구니가 되었고, 그녀의 게송이『장로니게』에 전한다. 또한 그녀의 아들도 출가하여 비구가 되었다. 비구의 이름은 비말라꼰단냐[離垢憍陳如]인데, 그의 게송(#64)이『장로게』에 전한다.

부처님과 암바빨리가 만난 웨살리(Vesālī)는 부처님 열반 후 제2차 경전 결집이 되었던 곳이다. 당시 인도에서 상업도시로서 번화했던 지역이었다.『화엄경』「입법계품」의 설법지이기도 하다. 암바빨리가 부처님께 공양을 올린 정원은『유마경』의 설법 장소로도 유명하다.

최고의 공덕을 쌓은 부처님의 마지막 공양자 쭌다

부처님께서 파바 마을에 도착했다. 그때 부처님께서는 마을의 대장장이 쭌다의 소유지인 망고동산에 머물고 계셨다. 쭌다가 부처님이 머물고 있는 동산으로 찾아와 공양청을 하자, 부처님께서 침묵으로 수락하셨다. 다음날, 쭌다가 부처님께 수까라 맛다바(Sūkaramaddava)라는 음식을 공양 올렸다. 부처님께서는 쭌다의 공양을 드신 후에 피가 섞인 설사를 계속하는 병고가 시작되었다. 부처님께서는 병이 심각하신데도 바른 사념思念을 갖추고 선정에 들어 병고에 흔들리지 않으셨다. 병이 조금 차도가 있자, 부처님께서 아난다에게 꾸시나가라로 향해 가자고 말씀하셨다.

이후 부처님과 제자들이 꾸시나가라(열반한 장소)로 향하는 3개월의 유행 기간 동안 부처님은 아난다 존자에게 당부의 말씀을 하셨다. 또한 여러 제자들을 모이게 한 뒤 교단을 염려하시면서 마지막 진리를 설하셨다. 그리고 마지막 공양을 올린 쭌다에 대해 이런 말씀도 하셨다.

"아난다야, 많은 비구들이 대장장이 쭌다에게 이런 비난을 할지도 모른다. '쭌다가 올린 공양을 드시고 부처님께서 입멸하셨다. 쭌다가 부처님을 입멸케 하였으니 그는 공덕이나 복덕이 없을 것이다'라고. 아난다여, 쭌다에게 이런 비난이 쏟아진다면, 쭌다에게 가서 이렇게 위로하여라.
'그대 쭌다여, 조금도 후회할 것 없소. 당신이 올린 최후의 공양을 드신 뒤 부처님께서 입멸하셨다는 것은 당신에게 경사스럽고 좋은 일이오. 부처님께 공양 올린 최후의 보시 공덕은 다른 어느 공양보다도 매우 수승한 공덕이었소. 그 공덕과 복덕이란 쭌다 당신이 장수를 하며, 다음 세상에 좋은 세계에 태어나고, 안락함을 누리며, 명예를 얻고, 천계天界에 태어날 수 있는 복덕이오. 또한 왕후로 태어날 수 있는 선업을 쌓은 것이오.'라고. 아난다여, 꼭 이렇게 쭌다를 위로하고 변호해 주어라."

아무리 위대한 성자이지만, 자신을 죽음으로 몰고 간 사람을 자비심으로 받아들이는 일은 쉽지 않다. 게다가 부처님께서는 후에 일어날지도 모를 쭌다에게 쏟아질 비난까지 걱정하고 있다. 미국의 철학자 월터 카우프만(1921~1980)은 부처님의 최후 공양과 예수의 최후 만찬을 이렇게 비교하고 있다.
"부처님은 대장장이 쭌다가 만들어 준 음식을 맛있다며 고마워하셨다. 또한 부처님은 제자들에게 '쭌다의 공양으로 인해 여래가 열반에 들었다'고 쭌다를 비난하지 말라고 하셨다. 그러나 예수는 만찬석에서 12인의 제자 중 한 명인 유다를 저주하며 '사람의 아들을 배반한 그 사람은 분명히 화를 입을 것이다. 그는 차라리 세상에 태어나지 않았더라면 더 좋을 뻔했다(『마태복음』)'라고 하였다."

다음, 결론은 독자의 판단에 맡기기로 한다.

계를 스승으로 모시다[以戒爲師]

세존께서 아난다에게 말씀하셨다.

"아난다여, 내가 입멸한 뒤, 너희들은 이런 생각을 할지도 모른다. '이제는 스승의 말씀만 남아 있지, 우리들의 큰 스승은 이미 이 세상에 계시지 않는다'라고. 그러나 아난다여, 너희들은 이런 생각을 하지 말라. 내가 입멸한 후에는 너희들에게 설해 왔던 가르침과 계율이 너희들의 스승이 될 것이다."

부처님께서 열반하실 때, "가르침과 계율이 너희들의 스승이 될 것이다[以戒爲師]"라고 하셨다. 부처님이 그러하셨듯이 역대 선지식들도 열반하면서 제자들에게 지계持戒를 강조하셨다. 중국의 근현대 불교의 선구자인 허운虛雲(1840~1959) 선사도 열반할 무렵, 제자들에게 이런 말씀을 하셨다. "법을 구하기 위해 신명을 바치고, 서로를 존중하라. 도량을 보존하고 청규를 지켜나가는 데는 오직 한 글자, 바로 '계'이다."

또한 천태지의(538~597) 선사도 열반할 무렵, 제자들에게 이런 말씀을 하셨다. "바라제목차[patimokkha: 계율]는 너희가 받들어야 할 것이요, 4종삼매四種三昧●는 너희를 분명히 이끌 바니라."

이 계가 완성되어야 선정에 들 수 있고, 선정에 들어야 지혜를 얻을 수 있으며, 지혜가 완성되어

● 4종삼매는 상좌常坐·상행常行·반행반좌半行半坐·비행비좌非行非坐이다.

야 해탈할 수 있고, 해탈이 되어야 해탈지견을 얻을 수 있기 때문이다. 부처님 재세 시에는 부처님의 진신眞身이 진리였고 계율이었다. 부처님이 열반하시고 나서 부처님의 부재不在로 인해 승가가 해이해질 것을 염려해 계율을 강조하셨다. 인도 아소까왕 때도 출가 승려들이 계율을 어기고, 안이하게 생활할 때, 장로들이 승가의 화합을 위해 아소까왕의 도움을 받아 고군분투하였다. 또 12세기, 불교가 인도에서 사멸되었던 원인 중의 하나도 승려들의 계율이 해이해졌기 때문이다. 또한 중국에서 일어난 법난도 대체로 불교계 내부에서의 문제, 승려들이 자정自淨 능력을 상실한 점이 가장 큰 원인이라고 할 수 있다.

현재 우리나라 불교도 법고창신法古創新[옛 정신사상을 토대로 하되 새로운 것에 변화를 주면서 창조해 나가는 것]이 필요한 때이다. 모든 종교가 비슷한 추세이지만, 불자들이 감소하고 있다. 미래의 불교는 무엇보다도 스님들이 철저한 계율정신에 입각한 수행자로 거듭나야 부처님의 진리가 영원히 존재할 수 있다고 본다.

05 『사십이장경』

삶의 소중함을 일깨워 주고,
행복의 길을 안내하다

　『사십이장경四十二章經』은 『유교경遺教經』과 당나라 때 위산대원(771~853) 스님의 『위산경책潙山警策』과 더불어 '불조삼경佛祖三經' 중 하나이다. 부처님과 조사 스님의 경책 내용이 담겨 있어 고대로부터 승려들의 기본 지침서로서 널리 애독되는 경전이다. 중국은 후한 효명제(58~75 재위) 때 불교가 유입되었다. 효명제가 신이한 꿈을 꾼 뒤, 신하들을 인도로 보냈다. 신하들이 인도로 가는 도중에 축법난과 가섭마등을 만나 이들을 낙양으로 모셨다. 이 스님들이 백마사에 상주하며 최초로 번역한 경전이 바로 『사십이장경』이다.● 불교의 중요한 가르침을 42개의 짧은 단락으로 나누어져 있다고 해서 『사십이장경』이라고 하는데, 『사십이장경』은 북방불교 최초의 한역 경전이다.

　『사십이장경』에는 고·무상·무아의 3법인, 중도설, 삶의 마음가짐, 호흡관, 애욕을 다스리는 계율, 사람들과의 대인관계 등 일정한 내용이 없이 불교의 다양한 가르침이 담겨져 있다. 801년에 편찬된 『보림전寶林傳』은 중국의 조사선을 상징하는 어록인데, 여기에 석가모니 부처님의 어록으로 『사십이장경』이 수록되어 있다.

●　이 부분에 대해서는 26~28쪽 '현재 독송하는 경전은 어떤 경로를 거쳐서 번역되었고, 어떻게 형성되었는가?'에서 자세히 언급한 것을 간단히 재정리하였다.

삶의 소중함을 일깨워 주고, 행복의 길로 안내해 주는 사십이장경

후한의 효명제(58~75 재위) 때 불교 유입 초기에 가섭마등과 축법란이 낙양 백마사에서 한역한 북방불교 최초 경전

다른 대승경전들은 대체적으로 서분·정종분·유통분의 형식으로 정형화되어 있으나 이 경전은 42개의 장으로 이루어져 있음.

일정한 주제가 없이 고·무상·무아의 3법인, 중도설, 삶의 마음가짐, 호흡관, 애욕을 다스리는 계율, 무심사상, 사람들과의 대인관계 등 불교의 다양한 가르침이 담겨져 있음.

부처님과 조사스님의 경책으로 이루어져 있어 고대로부터 불자들의 기본 지침서로서 불조삼경(佛祖三經) 중 하나임.

상대방이 비난하거든 그의 몫으로 내버려 두라

부처님께서 말씀하셨다.

"어떤 사람이 '선한 사람이 있다'라는 말을 듣고, 그대를 찾아와서 (너를) 괴롭히고 힘들게 할지라도 너는 스스로 참고 마음을 가라앉혀 성을 내거나 그를 꾸짖지 말라. 그가 와서 너를 꾸짖고 미워하는 것은 자기 스스로를 미워하는 것이다." – 6장

부처님께서 말씀하셨다.

"어떤 사람이 '내가 수행을 잘하고 큰 자비를 베푼다'는 말을 듣고 일부러 찾아와 나를 욕하고 꾸짖었다. (이때) 나는 묵묵히 아무 말도 하지 않았더니 그는 꾸짖기를 멈추었다. 그래서 내가 그에게 말했다.

'당신이 보석을 가지고 어떤 사람에게 접대했는데 그 사람이 보석을 받지 않는다면 그 보석은 누구의 것인가?'

그는 당연히 '보석은 나의 것이다'라고 답하였다.

그래서 그에게 이렇게 말했다.

'지금 그대가 나를 꾸짖고 욕을 하지만, 내가 그 꾸짖음을 받지 않으니, 그대의 꾸짖고 힐난함은 바로 그대의 것이다. 마치 메아리가 소리를 따르고 그림자가 형체를 따르는 것처럼, 결국에는 그 재앙을 면할 수 없으니 반드시 악한 일을 삼갈 지니라.'" – 7장

부처님께서 말씀하셨다.

"악한 사람이 성자를 해치는 것은 마치 하늘을 우러러 침을 뱉는 것처럼 침은 하늘에 머물지 않고 오히려 자신에게 떨어진다. 또한 바람을 거슬러 티끌을 날리면 그 티끌이 저쪽으로 가지 않고 오히려 자신에게 날아오는

것처럼, 지혜로운 사람을 감히 해칠 수 없음이요, 지혜로운 자를 해친다면 그 화는 반드시 자신에게 돌아갈 것이다." – 8장

사람은 살면서 누군가로부터 괴로움을 당할 때가 있다. 삶 자체가 자신이 원하는 방향을 거슬러 원치 않는 일이 발생하는 경우가 부지기수다. 사람간의 문제, 자신이 추구하는 일에 대한 불만족 등 힘들게 하는 일들이 무수하다. 사람들이 스트레스를 받는 것 중 가장 큰 요인은 '대인관계의 원만치 못한 불화합'이라고 한다. 태국의 아짠 차 선사도 이런 말씀을 하셨다.

"만일 사람들이 그대를 나쁘게 말하거든 오로지 자신을 들여다보라. 그들이 틀렸다면 그들을 무시해 버려라. 그런데 그들이 맞다면 그들에게 배워라. 어느 쪽이든 화를 낼 필요는 없지 않은가!"

경문에서 "그가 와서 너를 꾸짖고 미워함은 자기 스스로를 미워하는 것이니라"라고 하였는데, 이 부분에 대해 조금 자세히, 이해하기 쉽게 살펴보기 위해 한 가지 비유를 들면 다음과 같다.

조선의 태조 이성계와 무학 대사가 오랜만에 만나 이야기를 나누었다. 두 사람은 태조가 왕이 되기 이전부터 친분관계가 두터웠던 터라 농담을 주고받을 정도로 막역한 사이였다. 대화 도중에 이성계가 무학 대사에게 "스님은 돼지같이 생겼습니다"라고 말하자, 무학 대사가 웃으면서 "대왕은 부처님처럼 생겼습니다"라고 하였다. 그러자 이성계가 "저는 스님을 욕했는데 스님은 저를 좋게 평가하십니까?"라고 했다. 이때 무학 대사가 "부처의 눈에는 부처만 보이고, 돼지의 눈에는 돼지만 보이는 법입니다"라고 했다.

곧 불심佛心으로 바라보면 온 세상이 불국토이지만, 중생의 마음으로는 불국토까지 사바세계로 본다. 곧 부처는 중생도 모두 부처로 보지만, 중생은 부

처까지도 중생으로 깎아 내리는 것이다. 상대방을 볼 때 자신의 견해대로 상대방을 평가하고 자신의 잣대대로 상대방을 저울질한다. 즉 자신이 돼지 마음을 품고 있으니 상대방도 돼지처럼 보일 수밖에 없고, 자신이 부처 마음을 품고 있으니 상대방도 부처로 보이는 것이다. 결국 상대를 꾸짖고 비난함도 자신에게 그런 결점이 있기 때문에 상대방의 약점이 보이는 것이다. 이에 남을 비방하는 것은 자신의 인격문제인 것이지, 상대방은 있는 그대로 존재할 뿐이다. 혹 누군가 그대를 비방한다면 대적할 필요없이 내버려 두면 된다. 누워서 자기 얼굴에 침을 뱉는 것과 같은 이치이다.

한 개의 횃불로 수천 개의 횃불에 불을 붙여준다

부처님께서 말씀하셨다.
"어떤 사람이 보시하는 것을 보고, 그를 도와 함께 기뻐한다면 그 얻는 복이 매우 크다."
그러자, 한 사문이 물었다.
"그러면 그 복덕이 다할 때가 있습니까?"
부처님께서 말씀하셨다.
"비유컨대, 한 개의 횃불이 있는데 수천 명의 사람이 각기 불을 붙여 가지고 가서 음식을 익혀 먹거나 어둠을 밝힐지라도 원래의 한 개 횃불은 조금도 변함이 없는 것처럼 그 복덕도 또한 이와 같다." – 10장

이 내용은 다른 사람이 보시를 행하고 공덕 쌓는 것을 보고 함께 기뻐해 주는 '수희공덕隨喜功德'에 대한 것이다. 곧 수희공덕이란 자신이 보살행을 하지 않고 남이 짓는 보살행을 보고 기뻐해 주기만 해도 공덕이 크다는 말이다. 요즘 세상은 온라인상에서 사람들의 비방이 심각한 상태에 이르렀다. 함께 기뻐해

주지는 못할망정 비방을 통해 사람들의 마음에 생채기를 내는 것은 그릇된 행동이다. 수희공덕의 진리가 근자에 더욱 어필되는 수승한 내용이라고 생각한다.

우리는 찰나 찰나의 무상한 삶을 살고 있다

부처님 : "사람의 목숨이 얼마 동안에 있느냐?"

제자① : "며칠 사이에 있습니다."

부처님 : "자네는 아직 도를 잘 모른다."

제자② : "하루 사이에 있습니다."

부처님 : "자네도 아직 도를 잘 모른다."

제자③ : "밥 먹는 사이에 있습니다."

부처님 : (부처님이 고개를 저으시며), "자네도 아직 도를 모른다."

제자④ : "호흡과 호흡 사이에 있습니다."

부처님 : (제자를 칭찬하며), "그대는 도를 잘 알고 있다." – 38장

내쉬는 숨은 호呼, 들이마시는 숨은 흡吸이다. 죽음은 바로 숨을 내쉬고 그 다음 들이마시지 못하면 바로 숨이 끊어진 것이다. 호흡은 삶과 죽음의 한 찰나요, 삶과 죽음의 경계선이다. 우리는 이 무상한 찰나 찰나 사이를 살아가고 있다. 어제 죽어가던 사람이 하루만이라도 더 살고 싶었던 그 내일을 우리는 오늘 버젓이 살아 숨쉬고 있다. 그러니 숨쉬고 내쉬는 자체만으로도 얼마나 감사한 일인가? 무엇보다도 찰나의 무상함을 염두에 두고, 삶의 소중함을 잊지 말아야 할 것이다.

마음 작용의 진정성과 간절함

부처님께서 말씀하셨다.

"수행자가 도를 닦을 때, 마치 맷돌을 돌리는 소[磨牛]처럼

비록 도를 행하나 마음이 따르지 않는 수행을 해서는 안 된다.

마음에서 진정으로 우러나와 도를 닦는다면,

도를 닦는다고 굳이 애쓸 필요가 없다." – 40장

중국의 선불교에 '마전작경磨塼作鏡[기와를 갈아서 거울을 만든다]'이라는 공안이 있다. 내용 중에 스승[南岳懷讓]이 제자[馬祖]에게 이런 말을 한다. "소가 수레를 끌고 가는데 수레가 만일 나가지 않는다면, 수레를 채찍질해야 하는가? 아니면 소를 채찍질해야 하는가? … 자네가 지금 좌선坐禪을 익히고 있는지, 좌불坐佛을 익히고 있는지 알 수가 없군. 만일 좌선을 익히는 중이라면 선이란 결코 앉아 있는 것만이 아니며, 혹 그대가 좌불을 익히고 있는 중이라면 부처는 원래 일정한 모양새가 없는 걸세."

굳이 좌선을 해야 부처가 될 수 있는 것이 아니다. 누워 있든 서 있든 앉아 있든 어떤 형태로든 선이 가능하다. 또한 앉아 있는 부처의 흉내를 낸다고 해서 부처가 되는 것이 아니다. 수행자는 부처와 같은 마음씀이 작용되어야 정각을 이룬다는 뜻이다.

여기에 자동차가 한 대 있다. 자동차는 겉모양이 좋고, 성능도 뛰어나다. 차에 기름을 잔뜩 넣고 주차해 놓기만 하면, 이 물건은 아무 쓸모가 없다. 즉 소를 때려야 수레가 굴러가고 자동차를 운전하는 사람이 있어야 자동차가 굴러가듯 마음 작용의 진정성과 절실함이 중요하다. 외부적인 형체에 관념을 두는 것이 아니라 그 형체를 이끌어가는 투철한 마음가짐에 비중을 두어야 할 것이다.

사십이장경의 중요한 가르침

출·재가자 모두에게 삶의 기반이 되는 경전. 크게 세 부분으로 나누어 봄.

진리를 설함

부처님께서 녹야원에서 사성제 진리를 설함(서분), 고苦(41장)·
무상無常(19·38장)·무아無我(20장), 중도中道(34장)
"인생에서 참다움을 지키는 최선과 최고의 원만함은 도道와 하나가 되는 것."(14장)
"도를 닦을 때는 전쟁터의 적군을 물리치듯이 열심히 정진하라."(33장)
"부처님의 가르침은 처음·중간·마지막이 모두 일미一味이다."(39장)

출가자에게 수행 길을 제시

"명예의 욕망을 제거하고 집착심을 끊어라."(21장)
"나무 밑에서 하룻밤 잠을 자되 절대 두 밤을 머물지 말라"(3장)
"무소유적無所有的 삶을 통해 도道를 얻어 편안한 열반에 이르러야 한다."
　　　　　　　　　　　(9·13·15·17·18·27·33장)
"계율을 늘 염두에 두어야 도과를 성취한다."(37장)
"인간의 정에 얽매이면 수행이 장애가 생긴다."(23장)
굳은 마음으로 도道만을 사념思念하라."(9·13·41장)

대승적인 보살행 / 재가신자에게 지혜로운 삶을 제시

"현자를 박해함은 결국 자기 파멸의 길이다."(8장)
"누가 꾸짖거든 대척하거나 미워하지도 말라. 안복을 실천하라."(6·7·15장)
"남이 짓는 공덕을 함께 기뻐하라[隨喜功德]"(10장)
"참회를 통해 늘 자신을 돌아보라."(5장)
사람들과의 지혜로운 대인관계를 제시함으로써 삶의 이정표를 드러내다. (35, 특히 12·36장)

06 『육방예경』

반듯한 삶으로 인도하는 네비게이션

『육방예경六方禮經』은 초기불교에서 일반 재가자가 지켜야 할 실천윤리를 설한 경전이다. 즉 세속적인 인간관계에서 예의범절의 중요성을 가르치는 경전이다. 불교 경전이지만 주로 일상생활에서 지켜야 할 도덕규범 및 인간적 도리를 제시하고 있다.

『육방예경』에서 장자長者의 아들인 선생善生은 부처님을 뵙기 전에 부친의 유언에 따라 여섯 방향에 예를 올렸다. 선생은 6방에 예경하는 뜻도 모르고 절을 하다가 부처님을 만나면서 6방 예경의 새로운 의미를 알게 된다. 한역의 원래 명칭은 『시갈월육방예경』, 또는 『선생경善生經』이라고 한다.

인간관계에서의 도리와 예의

어떤 남자[善生]가 당시 인도에서 행하던 방식대로 4방에 순서대로 머리 숙여 절을 하였다. 부처님께서 그를 보고, 이런 말씀을 해 주셨다.

"절을 할 때는 이런 마음가짐으로 6방六方을 향해 절을 하라. 동쪽을 향해서는 부모, 남쪽은 스승, 서쪽은 배우자와 자식, 북쪽은 친구, 위쪽은 사

반듯한 삶으로 인도하는 네비게이션, 『육방예경』

일반 재가자가 지켜야 할 실천윤리를 설한 초기불교경전

빨리 경장의 장부(DIGHA-NIKĀYA) 제31경에 속한
싱갈로와다숫단타(SINGLOVDASUTTANTA).
산스끄리뜨어 장아함 16권으로 『시갈월육방예경』, 또는
『선생경』이라고도 함.

장자의 아들인 선생(싱갈라, 시갈월)이 부친의 유언에 따라
여섯 방향에 무작정 절을 하다가 부처님을 만나면서 6방 예경의
새로운 의미를 알게 됨.

동쪽을 향해서는 부모, 남쪽은 스승, 서쪽은 배우자와 자식,
북쪽은 친구, 위쪽은 사문이나 바라문, 아래쪽은 하인이나
고용인을 생각하며 감사하는 마음으로 절을 하라고 하면서
서로간의 예의에 대해 설함.

일상생활의 인간관계에서 도덕규범 및 인간적 도리,
예의범절의 중요성을 가르치고 있음.

문이나 바라문, 아래쪽은 하인이나 고용인을 생각하며 감사하는 마음으로 절을 하여라."

이어서 부처님께서 각자의 위치에서 서로에 대한 예의에 대해 이렇게 말씀하셨다.

① 부모와 자식의 역할
"자식으로서 부모를 모실 때, 생활에 모자람이 없도록 하고, 어떤 일이든 부모에게 먼저 상의하며, 부모의 말을 거스르지 않아야 한다.
부모도 자식을 키울 때는 사랑으로 키워야 한다. 자식의 그릇된 행위를 막아주고, 자식의 배필을 구해주며, 꼭 필요한 때에 경제적인 뒷받침을 해 주어야 한다."

② 스승과 제자의 역할
"제자는 스승을 예경하고 존중하며, 스승의 가르침을 공손하게 받아들여 그릇됨이 없이 행하고, 스승의 가르침을 잊지 않아야 한다.
스승은 제자에게 진리에 따라 지도하고, 알지 못하는 것이 있으면 친절히 가르쳐 주며, 물음이 있으면 그 뜻을 잘 설명해 주고, 훌륭한 벗을 소개해 주며, 가르치는 일에 인색하지 않아야 한다."

③ 배우자에 대한 역할
"남편은 부인에게 예의를 지켜야 하고, 의식주에 부족함이 없도록 경제적인 원조를 해 주어야 하며, 때때로 장신구를 사 주어야 하고, 집안일을 맡긴다. 아내는 남편보다 부지런하며, 부드럽게 말하고, 공경하며, 상대의 뜻을 파악해야 한다."

④ 친족 간의 역할

"친족 간에는 어려울 때 베풀고, 서로 좋은 말로 건네며, 상대방에게 이롭도록 도와주고, 이익을 베풂에 한결같으며, 속이지 않는 것이다."

⑤ 고용주와 고용인의 역할

"고용주는 고용인에게 능력에 따라 일을 부여하고, 음식이 부족하지 않도록 베풀며, 수고한 만큼 격려해 주고, 병이 나면 약을 지어 주며, 반드시 휴가를 주어야 한다.
고용인도 일할 때는 열심히 빈틈없이 일을 처리하며, 주지 않는 것을 절대 취하지 말고, 힘써 일해서 주인의 명예를 빛내주어야 한다."

연기설은 석가모니 부처님이 우주실상의 원리를 깨달은 내용으로서, 이 세상 모든 것들이 서로서로의 인연으로 얽혀져 있고 유기적인 관계로 연결되어 있다는 사상이다. 연기설의 내용 중, 여러 원리가 있는데, 그 하나가 상의상관相依相關이다. 상의상관은 자연과 자연, 자연과 인간, 인간과 인간이 서로 관계되어 있고 의지하고 있으며 어떤 개체이든 홀로 독립해 살 수 없다는 뜻이다. 결국 서로가 원인이 되고 결과가 되면서 서로서로 얽혀 있어 서로의 도움으로 살아간다.

예를 들어 장미꽃 한 송이도 봄·여름·가을·겨울 시간적인 흐름이 있어야 하고, 바람·공기·물·햇빛 등 자연의 다양한 혜택이 있어야 한 송이 장미꽃을 피울 수 있다. 그렇다면 사람은 어떨까? 인간은 결코 혼자만의 힘으로 살아갈 수 없다. 곧 한 개인으로 볼 때, 공간적으로는 대한민국이라는 국토가 있고, 시간적으로는 조상과 부모가 있기 때문에 자신이 존재한다. 또 형제·이웃·친척·친구 등 주위의 많은 이들과 관계를 맺으며 살아간다. 그러니 자신을 중심으로 주변 인물들은 모두 매우 소중한 존재들이다. 이렇게 주위 사람들과 소중한 인연임을 잘 표현한 불교 경전이 『육방예경』이다.

07 『마등가경』

천민 여인의 성불을 통해
인류의 평등사상을 드러내다

『마등가경摩登伽經』은 아난다 존자가 마등가로부터 받은 수난을 토대로 전개되는 경전이다. 한 처녀[마등가]가 우물가에서 우연히 아난다 존자를 보고 그 용모와 인품에 반한다. 결국 마등가는 아난다를 배우자로 삼기 위해 모친의 주술을 이용해 유혹해서 존자를 자기 집으로 끌어들인다. 다행히 부처님의 신통력으로 아난다 존자는 구제되었고, 이후 마등가는 부처님의 설법을 듣고 감화받아 비구니로 출가한다. 사람들이 천한 마등가가 불교 교단에 출가했다는 말을 듣고 부처님께 찾아온다. 부처님께서는 그들에게 마등가를 비구니로 만든 경위와 그녀의 전생 인연법에 대해 설해 준다. 이어서 달과 별 28수의 길흉설 등 점치는 법이 경전에 설해져 있다.

마등가의 이야기는 초기불교 경전인 『불본행집경』에도 묘사되어 있다. 한편 아난다가 마등가의 모친의 주술에 빠졌을 때, 부처님이 아난다를 구출해 온 뒤에 부처님과 아난다의 대화 형식으로 시작되는 경전이 『능엄경』이다.

애욕으로 인해 근심과 두려움을 안고 있는 여인

어느 해, 아난다 존자가 무더운 여름날에 탁발을 마치고 사찰로 돌아가는

천민 여인의 성불을 통해 인류의 평등사상을 드러낸 『마등가경』

부처님의 10대 제자 중 다문제일인 아난다 존자가 인도의 사성계급에도 들지 못하는 최하층민인 마등가 여인에게 받은 수난을 토대로 전개되는 경전.

오나라 때 축률염이 지겸과 함께 A.D 230년에 한역, 총 7품으로 되어 있음.

아난다 존자의 인품과 용모에 반한 마등가 여인, 모친의 주술을 이용하며 아난다 존자를 유혹.

부처님께서는 주술에 빠진 아난다존자를 위기에서 구해 주고, 마등가 여인을 교화하며 출가하게 함.
마등가 여인을 출가시킨 연유를 궁금해 하는 사람들에게 마등가의 전생 인연법과 달과 별 28수의 길흉설 등 점치는 법 또한 설해 줌.

인도 고대사회의 면모를 알 수 있는 문헌적 가치, 불교의 인류 평등사상을 잘 드러내주는 경전.

중이었다. 목이 마르던 차에 한 처녀가 우물가에 있는 것을 발견하고, 그녀에게 물 한잔 달라고 부탁했다. 그녀의 이름은 마등가였다. 그녀는 갑작스럽게 나타난 존자가 물을 달라고 하자, 이렇게 말했다.

"저는 존자님께 물을 드리고 싶어도 줄 수 없는 사람입니다."

아난다가 "왜 그러느냐?"고 묻자, 그녀는 자신은 천민 신분이기에 물을 줄 수 없음을 밝혔다. 그때 아난다는 그녀에게 이렇게 말했다.

"우리 부처님께서는 누구나 평등하다고 하셨습니다. 그대가 설령 천한 신분일지언정 나는 아무렇지도 않습니다."

그녀는 생전 처음 받은 인격적인 대우에 감동을 받았고, 짧은 순간에 아난다 존자를 흠모하게 되었다. 그녀는 '이런 사람이 나의 남편이 되어준다면 얼마나 좋을까?'라고 생각하고 아난다를 쫓아갔으나 아난다는 이미 사라지고 없었다.

그녀는 쏜살같이 집으로 달려가 어머니에게 아난다와의 일에 대해 털어 놓았다. 그녀의 어머니는 마법을 부리는 사람이었다. 자신의 어머니가 어떤 소원이든 다 들어줄 수 있다고 생각한 그녀는 어머니에게 이렇게 고백하였다.

"어머니, 아난다 존자를 배우자로 모시고 싶습니다. 만약 존자의 배우자가 되지 못한다면 저는 죽어버릴 겁니다."

마등가의 어머니는 딸의 협박이나 다름없는 간절한 소원을 들어주기로 하였다. 그리고 아난다를 향해 마법을 부리며 주문을 외우기 시작했다. 얼마간의 시간이 지나 아난다는 마법에 걸려 몽유병 환자처럼 자신도 알지 못하는 결에 한참을 걸어 마등가의 집에 당도했다. 아난다가 마등가의 집에 도착하자, 그녀는 기쁜 마음으로 아난다의 손을 잡고 방으로 들어가 그를 유혹하였다.

이때 부처님께서 신통력으로 아난다의 위급한 상황을 보고, 곧 그 타락의 연못으로부터 깨어나도록 하여 아난다를 구제하였다. 마등가는 뜻을 이루지 못하자, 부처님을 원망하기 시작했다. 다음날부터 그녀는 기원정사에 나타나 아난다 존자의 일거수일투족을 지켜보며 쫓아다녔다.

부처님께서 마등가를 불러 그녀에게 이렇게 물었다.

"마등가여, 그대는 아난다를 진정으로 사랑하는가?"

그녀가 '그렇다'고 대답하자, 부처님께서 다시 그녀에게 물었다.

"아난다의 어느 부분을 사랑하느냐?"

"아난다의 눈·귀·목소리·몸 등 모두를 사랑합니다."

"그렇다면 마등가여, 좀 더 침착하게 생각해 보아라. 눈에서는 눈물이 흐르고, 코에서는 콧물이 나며, 입에서는 침이 흐르고, 몸은 온갖 더러운 것들로 구성되어 있다. 그래도 사랑할 마음이 나는가?"

부처님의 이 말을 듣고 그녀는 깜짝 놀랐다. 부처님의 말씀에 귀가 트였던 것이다. 그녀는 순간 부끄러움을 느끼고 출가할 마음을 내었다. 이렇게 해서 그녀는 비구니가 되었다.

한 수행자가 출가해서 수행 과정을 거쳐 정각을 이루기까지 수많은 역경계가 있다. 그 역경계 가운데 가장 큰 고난이 바로 이성에 대한 욕망일 것이다. 하기야 빗나간 애욕은 수행자뿐만 아니라 모든 사람이 경계해야 할 부적절한 감정이라고 본다. 부처님의 10대 제자 가운데 다문多聞 제일이요, 부처님께서 가장 사랑했던 제자 아난다도 이런 일을 몇 차례 겪었다. 『마등가경』이외에도 경전 구절의 행간을 살펴보면, 아난다 존자는 수려한 외모 덕분에 부처님의 10대제자 가운데 여자로 인한 수난이 가장 많았던 분이다.

『법구경』에 "나무통을 잘라도 뿌리가 있으면 다시 싹이 나듯이, 애욕의 근원을 뿌리째 소멸시키지 않으면 고는 끊임없이 되풀이된다"고 하였다.

『마등가경』을 탄생케 한 마등가는 훌륭한 선지식(부처님)을 만나 애욕의 허물에서 벗어나 출가하여 깨달음을 이루고, 경전의 주인공으로 등장하게 되었으니 얼마나 다행스러운 일인가?

『마등가경』을 통해서 본 초기불교와 대승불교의 한 단면

파자소암婆子燒庵이라는 화두가 있다. 중국 송나라 보제普濟 선사가 펴낸 『오등회원五燈會元』에 나오는 화두이다.

옛날 한 노파가 매우 훌륭하다고 생각한 비구스님을 뒷바라지하였다. 노파는 암자를 지어 스님이 머물도록 하고 지극 정성으로 공양을 올렸다. 대략 20년이 지난 어느 날, 노파는 스님이 어느 경지에 이르렀는지 알아보고 싶어, 딸에게 유혹해 보라고 하였다. 딸은 늦은 밤, 암자에 찾아가 스님을 유혹하였다. 그런데 수행자는 요지부동 태연하였다. 그녀가 스님의 손을 잡고 몸에 기대자, 스님이 말했다.

"고목이 바위에 스친 듯 아무 느낌이 없구나."

딸이 노파에게 스님의 말을 전하자, 노파는 "20년 동안 나는 저런 멍청한 수행자를 공양했구나. 헛고생한 거야"라고 소리를 지르고, 스님을 쫓아낸 뒤 암자를 불태워 버렸다. 물론 파자소암은 화두로서 정답이 있는 것이 아니다. 하지만 '어떻게 했어야 스님이 암자에서 쫓겨나지도 않고 그곳에 머물 수 있었을까?'라는 데 관건을 두고 여러 방향으로 해석하기도 한다.

이 화두에 대해 군더더기 자투리 말을 덧붙이려는 뜻이 아니다. 다만 초기불교에서는 이성과 관련된 수행자의 이야기는 앞서 언급한 부처님과 아난다 존자의 이야기처럼 엄격하고, 이성적인 면이 강조되어 있다. 결혼해서 사는 것 자체가 욕망에 얽히는 것이어서 수행에 방해가 되므로 출가 수행을 적극적으로 강조한다.

반면 대승불교는 출가를 하지 않아도 재가자로 살면서 얼마든지 수행해서 해탈할 수 있다는 점이 부각되어 있다. 대승불교 국가인 일본·티벳·한국·중국에서 재가자가 수행자 이미지로 강조되고 있는 것도 이 때문이라고 생각한다. 한편 파자소암 이야기처럼 감성을 배경으로 한 이야기가 중심이 되며, 중생 구제 차원에서 어떻게 계율을 어기지 않고, 중생을 제도해야 하는지에 대한 지혜로움을 전면에 내세운다.

인류의 지표가 되는 불교의 만인 평등사상

앞 경전의 원문에서도 밝혔듯이, 마등가가 천민 신분이므로 물을 떠 줄 수 없다고 했을 때 아난다 존자는 석가모니 부처님의 교단에서는 신분의 지위 고하를 막론하고 평등하다는 말을 한다. 『마등가경』에서는 모든 인간이 평등한 인격임을 밝히고 있는 것이다.

이는 당시에 혁명적이라고 할 정도로 대단한 일이라고 할 수 있다. 인도는 수천 년 전부터 신분제도가 있었기 때문이다. 브라만들은 업과 윤회사상을 토대로 그들의 계급을 정당화했으며, 하층 계급 사람들에게 이를 숙명처럼 받아들이도록 만들었다. 이를 카스트(Caste, 四姓) 제도라고 한다. [이 부분은 38쪽에서도 한 번 언급했던 내용이다.]

카스트는 사람의 신분을 브라만[사제], 크샤트리아[왕족], 바이샤[평민], 수드라[천민]로 나눈 것이다. 카스트에 들지 못하는 아웃카스트(Out-Caste)도 존재한다. 아웃카스트, 즉 불가촉천민은 너무 천하고 더러운 존재인지라 일반 사람들과 접촉할 수 없다고 해서 '불가촉不可觸'이라고 한다. 불가촉천민을 '하리잔'이라고도 불렀는데, 이는 '신의 아들'이라는 뜻으로 간디가 이들을 존중하는 의미로 이렇게 불렀다. 하지만 말뿐이지, 실상은 그렇지 않고 인도는 21세기인 오늘날에도 사회 전반에 뿌리 깊은 신분 제도의 잔재가 남아 있다.

인도뿐만 아니라 우리나라에서도 갑을 논쟁·금수저 흙수저·여성 차별·인종 차별 등 이분법적 사고로 인격을 모독하는 일이 빈번하게 일어나고 있다. 이런 시대에 불교의 만인 평등사상은 인류의 지표가 된다고 생각한다.

08 『백유경』

어리석음에서 벗어나 지혜로운 삶 만들기

『이솝우화』는 고대 그리스에 살았던 이솝이 지은 우화 모음집으로 내용은 짧지만 진솔한 삶의 진리를 담고 있다. 이 책이 고대로부터 현대에 이르기까지 변치 않는 사랑을 받게 된 것은 사람의 어리석음을 일깨워주고 삶의 나침반이 되어주기 때문이다. 불교에도 『이솝우화』 같은 내용의 경전이 있는데, 바로 『백유경百喩經』이다.

불교 경전을 내용의 구성에 따라 12가지로 나눈 것을 12분교十二分敎라고 한다. 이 가운데 비유가 있다. 비유는 인도인의 사유 방식의 한 특징이라고 할 수 있다. 비유의 내용은 전반적으로 불자에게만 국한되는 것이 아니라 인과응보나 어리석음에 대한 경고 등 교훈적인 내용을 쉽고 분명하게 서술하였다.

이 경전의 저자는 5세기 초기 인도 승려 상가세나[Saṅgasena, 僧伽斯那]이고, 그의 제자 구나브리디[Guṇavṛddhi, 求那毘地]가 492년에 한역漢譯하였다. 경전 이름은 '100가지 비유[百喩]'이지만, 98가지 비유로 만들어진 경전이다. 백유경은 우리나라 불자들도 애독하고 있는 경전으로 널리 유통되고 있다.

어리석음을 일깨워 주는 『백유경』은 불교의 『이솝우화』같은 경전

이솝우화 같은 불교 경전

5세기 초기 인도 승려 상가세나가 모아서 저술하였고
그의 제자 구나브리다가 492년에 한역.
경전 이름은 '100가지 비유'이지만,
실제로는 98가지 비유로 만들어짐.

인도인의 사유 방식의 한 특징이라고 할 수 있는 비유
인과응보나 어리석음을 풍자하고 깨우쳐 주는 이야기들로
인과응보의 이치와 교훈을 쉽고 분명하게 서술

어리석음을 극복하고 삶의 지혜로운 길을 제시하는 영원한 스테디셀러

내일이면 늦으리 오늘 시도하라

어떤 어리석은 사람이 있었는데, 그는 대가족을 거느린 가장이었다. 어느 날, 이 집에 손님이 방문한다는 전갈이 왔다. 마침 이 가장은 어떻게 하면, 손님에게 좋은 음식과 우유를 대접할까 고민을 하다가 기묘한 아이디어를 떠올렸다.

'우리 집 식구들이 젖소로부터 매일 우유를 짜서 먹고 있다. 그 손님이 올 날짜가 며칠 남았는데, 미리 우유를 짜두면 우유가 상할 것이다. 우리 집 식구들도 우유를 며칠간 짜먹지 않고, 젖소의 뱃속에 그대로 두면 그 손님이 왔을 때 더 맛있는 우유를 짤 수 있을 것이다.'

이렇게 생각하고 주인은 암소와 송아지를 떼어서 다른 곳에 묶어두었다. 이윽고 며칠 후에 손님이 찾아왔다. 주인은 젖소를 끌고 와서 우유를 짜려고 시도했는데도 젖소의 젖이 말라버려 우유가 전혀 나오지 않았다. 결국 주인은 손님에게 대접도 제대로 못하고, 망신만 당하는 꼴이 되었다.

이 이야기는 종교인의 베풂을 염두에 둔 이야기다. '나는 지금은 어려우니, 돈을 많이 벌면 나중에 베풀어야지'라고 생각하지 말고, 그때그때 인연이 되었을 때, 베풀고 살라는 의미이다. 한편 사람에게는 '때'가 있는 법이고, 그 때를 잘 활용해 지혜로운 삶을 전개하라는 뜻으로 확대해 생각해 본다.

행복이라는 것도 '지금 행복해야지'라고 스스로에게 각인시키고 행복을 각인하는 그 순간이 바로 인생의 행복인 것이다. 바로 과정과 목표가 하나가 된 행복이 진정한 행복이라는 뜻이다. '오늘은 고생하고 내일 행복해야지' 하면, 그 행복은 기다려주지 않는다. 바로 지금 삶 속에서 행복을 자각하는 그 순간이 인생의 행복 지점인 것이다. 오늘 짠 젖소에게서 내일 또 똑같은 양의 우유를 짤 수 있듯이 오늘의 행복으로 만족하면, 내일은 내일 나름대로 또 다른 행복이 기다리고 있을 것이다. 그러니 현재의 삶을 만끽하라.

인생의 기초공사를 잘 다져야 꿈을 이룰 수 있다

먼 옛날 인도에 매우 어리석은 부자가 있었다. 어느 날 그는 이웃의 부잣집에 다니러 갔다가 멋진 3층집을 방문하였다. 어리석은 부자는 집으로 돌아와 이런 생각을 하였다. '내 재산이 저 사람보다 더 많다. 내 생전에 나도 저렇게 멋진 3층집을 하나 지어야겠다.'

다음날 그는 동네의 목수를 불렀다.

"저 누각처럼 거대하고 웅장한 누각을 지을 수 있겠습니까?"

"저 집은 제가 지은 것입니다."

"그렇다면, 내게도 저런 누각을 하나 지어 주십시오."

목수는 다음날부터 지하를 파고, 땅을 고르게 한 뒤에 벽돌을 쌓기 시작했다. 부자는 목수의 벽돌 쌓는 것을 보고, 말했다.

"목수님, 대체 지금 어떤 집을 짓고 있는 겁니까?"

"3층 누각을 짓는 중입니다."

"그런데 나는 아래 1·2층은 필요가 없으니, 3층만 지어 주시오."

"아! 1·2층을 지어야 3층 건물을 지을 수 있습니다. 또 1층을 짓기 전에 지하의 땅을 파야 하고, 땅을 고르게 한 뒤에 3층을 지을 수 있습니다."

이렇게 말했는데도 어리석은 부자는 막무가내로 3층만을 지어달라고 떼를 썼다. 출가해 높은 도를 얻고자 한다면, 기본적으로 배워야 하는 것들이 있다. 기본을 익히지 않고, 무조건 높은 도를 성취할 수 없다. 세상의 모든 일이 이러하다.

종종 사람들과 대화를 해보면, 원인과 과정은 중요시하지 않고 오로지 결과만을 바라는 경향이 있다. 예를 들어 어떤 직업을 갖고 싶다면, 그 직업에서 필요로 하는 전반적인 상황들을 배우고 기초를 쌓아올린 뒤에 전문적인 지식을 갖춰야 자신이 원하는 직업을 얻을 수 있다. 좋은 결과를 원한다면 원인과 과정을 충실히 해야 목표한 바를 성취할 수 있다.

공덕은 하늘에서 떨어지는 눈·비와 같은 것이 아니라 노력한 만큼의 대가로 결과가 생기는 법이다. 어떤 일이든, 무엇을 하든 결과만을 바라지 말라. 원인과 과정이라는 기초공사가 튼튼해야 목표로 하는 결과를 성취할 수 있다는 점을 명심해야 한다.

정도를 지나침은 미치지 못한 것과 같다

어리석은 사람이 친척집을 방문했다. 집주인은 손님이 온다고 상다리가 휘어질 만큼 음식을 준비해 놓고 기다리고 있었다. 손님이 친척집에 도착해 식탁에 앉았다. 그런데 먹는 음식마다 음식이 싱거워 맛이 없었다. 실례를 무릅쓰고 손님은 주인에게 "음식이 싱거워 맛이 없다"고 말하자, 주인은 음식마다 소량의 소금을 넣어 간을 맞췄다. 다시 음식을 먹으니, 음식 맛이 달랐다. 이제까지 먹어보지 못한 최고의 음식이라는 생각까지 들 정도였다. 손님은 그 주인의 행동을 유심히 지켜보면서, 이런 생각을 하였다. '음식이 맛있는 것은 소금 때문이군. 조금만 넣어도 음식 맛이 좋은데, 주먹만큼 넣으면 더 맛있을 것이다.' 그는 집으로 돌아가 식사를 할 때마다 소량의 소금이 아닌 많은 양의 소금을 음식에 넣었다. 이렇게 음식을 여러 날 먹은 뒤, 그는 결국 병이 나고 말았다.

인도에서 수행자들이 음식을 지나치게 절제함으로써 도를 얻는다고 생각하고, 장시간 단식하는 경우를 빗대어 하는 이야기다. 단식으로 사망하는 경우도 있고, 단식이 해탈 열반에는 아무런 도움도 되지 않을 뿐만 아니라 이런 고행은 어리석은 행동이라는 교훈이다.

'과유불급過猶不及'이라는 말이 있다. 지나친 것은 미치지 못한 것과 같다는 뜻이다. 『임제록』에 "금가루가 귀하긴 해도 눈에 들어가면 독이 된다"는 말이 있다. 소량의 소금이 음식을 맛있게 해 주듯이 모든 것에는 적당한 요소에 적당한 만큼의 쓰임이 있는 법이다. 음식만이 아니라 모든 일이 다 그러하다. 운동을 할 때도 신체 나이와 능력에 따라 적당한 운동이 건강에 좋지, 타인의 기준에 맞춰서 할 필요는 없다.

자신이든 가정사든 사회든 간에 내실부터 다지자

귀신 둘이 한 광주리와 지팡이와 짚신을 공동으로 소유하고 있었다. 이 두 귀신은 그것을 공평하게 공유하지 못하고, 서로 더 차지하려고 밤낮으로 싸웠고, 불평불만이 가득했다. 이때 어떤 사람이 그 모습을 보고, "뭐 때문에 사이좋게 지내지 않고 싸우느냐?"고 물었다. 두 귀신이 이렇게 답했다.

"광주리에서는 온갖 의복과 음식, 잠자리 그밖의 일용품들이 저절로 나옵니다. 이 지팡이만 갖고 있으면, 원수가 와도 항복을 하고, 싸움을 걸지 않습니다. 또 이 짚신을 신으면 누구나 자유로이 날아다닐 수 있습니다."

이 사람이 귀신들의 말을 듣고 말했다.

"그렇다면 내가 공평하게 나누어 줄 테니, 잠깐 자리를 피하십시오."

두 귀신은 그 사람의 말을 듣고 물건들을 놓고 밖으로 나갔다. 그런데 이 사람은 그 틈을 타서 광주리와 짚신, 지팡이를 들고 멀리 하늘로 날아가 버렸다. 두 귀신이 넋을 잃고 있을 때, 그 사람이 말했다.

"이제는 두 분께서 싸울 이유가 없어졌으니, 싸우지들 마시오."

앞에서도 한 번 언급했던 말이 있는데, '사자신중충獅子身中虫'이다. 사자의 몸에서 생겨난 벌레가 사자의 살을 파먹어 간다는 뜻이다. 외부의 적으로 무너지는 것이 아니라 내부에서 일어난 분열로 자신이 파괴된다는 뜻이다. 『법구경』에서 "상대방이 나에게 주는 피해보다 자신이 일으킨 번뇌로 발생하는 피해가 훨씬 크다"고 하듯이 자기 자신의 그릇됨이 자신을 망치는 것이다. 세상사도 마찬가지다. 한 가정도 가족 구성원간에 화합이 되지 못하면 무너지는 것이요, 한 나라가 망하는 데도 외부의 무서운 공격보다 내부 갈등이 문제가 되어 나라가 망하는 법이다.

상대방의 비판을 겸허히 받아들여라

방안에서 여러 사람들이 둘러 앉아 대화를 하였다. 이 가운데 A가 말했다.

"B는 다 좋은데 두 가지 허물이 있다. 첫째는 성을 잘 내는 것이요, 둘째는 지나치게 서둘러 경솔하게 행동하는 것이다."

공교롭게도 문 밖에서 이 말을 들은 B가 방안으로 들어와 화를 내면서 A의 멱살을 잡고 말했다. "이 어리석고 나쁜 인간아!"

B는 욕설을 퍼부어가면서 다짜고짜로 주먹까지 휘둘렀다. 옆 사람이 뜯어 말리면서 "왜 이렇게 성급하게 구는가? 도대체 무슨 일로 사람을 그렇게 때리기까지 하는가?"라고 핀잔을 주자, B가 말했다.

"내가 언제 화를 잘 내고, 경솔하게 행동했습니까? 내 흉을 보기에 괘씸해서 나도 모르게 엉겁결에 화가 나서 주먹질을 했습니다."

이 말을 듣고, 옆 사람이 말했다.

"자네가 성내기를 좋아하고, 경솔하게 행동하는 자네의 성정이 지금 방금 드러나지 않았는가?"

남의 허물을 발설하는 것도 잘못이지만, 자신의 허물을 누군가가 비난했다고 원망하거나 성을 내면 오히려 자신의 허물이 만천하에 드러난 것임을 경계하는 내용이다. 비유하면 술 마신 사람이 술에 취해 비틀거리다가 남의 꾸지람을 들으면 도리어 원망하고 미워하면서 자신은 취하지 않았고 멀쩡하다고 변명함으로써 더더욱 추한 모습을 보이는 형태이다.

상대가 지탄했을 때, 자신의 결점을 생각해 보고 반성하는 기회로 삼는다면, 오히려 발전할 수 있는 기회요, 또한 자신의 결점이 만천하에 드러나지 않을 것이다. 그러니 불행을 자초하지 말라. 겸허히 상대방의 비판을 받아들여라.

놓을 줄도 알아야 잡을 수 있는 법이다

옛날 어떤 사람이 배를 타고 가다가 바다 한가운데서 은그릇 하나를 물에 빠뜨렸다. 그는 엉겁결에 '지금은 바쁘니 물에 금을 그어 표시해 놓고, 나중에 찾자'고 생각하였다. 그리고 두 달이 걸려 사자국에 도착했다. 그 사람은 도착하자마자, 흐르는 물을 보고 물에 뛰어 들었다. 주변 사람들은 당황해서 그 사람을 밖으로 끌어당기며, "왜 육지에 도착해서 물을 보고, 바다에 다시 들어가느냐?"고 물었다. 그는 "두 달 전에 은그릇을 물에 빠뜨렸는데, 그때 물에 표시를 해두었다. 지금 물에서 은그릇을 찾으려고 한다"고 말했다. 사람들은 그의 어리석은 행동을 안타까워하며 이렇게 말했다. "앞의 물과 자네가 은그릇을 빠뜨린 곳의 물은 같을지언정, 자네가 예전에 은그릇을 빠뜨린 물은 장소가 다르네. 그런데 지금 이 물에서 찾은들 무슨 소용이 있겠는가?!"

어리석고 융통성 없는 사람의 비유를 든 이야기다. 이 이야기와 유사한 고사가 있는데, 각주구검刻舟求劍이다. 배에 새겨 놓고, 칼을 찾는다는 뜻이다. 초나라 사람이 배를 타고 강을 건너다가 갖고 있던 칼을 강물에 떨어뜨렸다. 그 사람은 얼른 자기가 칼을 떨어뜨린 배 부분에 표시를 하면서 '내가 칼을 떨어뜨린 곳은 이 지점이다! 나중에 여기서 칼을 찾아야지'라고 생각하고, 육지에 도착해서 표시해 놓은 지점에서 칼을 찾는다. 당연히 있을 리가 없다.

　현대는 빠르게 변화하고 있다. 인생관이나 삶의 잣대가 혹 과거에 고착되어 있다면 자신을 개발시킬 수가 없다. 인간이 살아가는 곳에는 늘 유동성이 있기 마련이다. 특히 인생관이나 종교관·정치관·교육관은 옛 시대에 머물러 있어서는 안 될 것이다. 물이 유유히 흘러가듯 시대는 무심히 변해간다. 이 세상 모든 것은 영원하지 않은 무상無常이다. 그리고 무아無我이다. 떠나간 사람에 미련 갖지 말고, 흘러가는 세월에 한숨 쉬지 말며, 잃어버린 물건에 애통해 하지 말라. 좋지 않은 추억은 잃어버려라. 옛것에 연연해 무엇을 자꾸 붙잡으려 하는가! 놓을 줄도 알아야 잡을 수 있는 법이다.

거짓말은 인간관계를 가로막는 장벽과 같다

옛날 어떤 사람이 검은 말을 타고 전쟁터로 나갔다. 그는 매우 소심한 성격에 겁이 많은 사람이었다. 마침 그가 속해 있는 군대가 수세에 몰리자, 그는 싸울 엄두도 내지 못했다. 그 사람은 꾀를 내어 얼굴에 피를 바르고 거짓으로 죽은 것처럼 꾸민 뒤에 죽은 사람들 틈 속에 끼어 있었다. 그가 탔던 검은 말은 적군이 가져가 버렸다. 적군이 모두 떠나자, 그는 부스스 일어나 흰 말의 꼬리를 베어 가지고 집으로 돌아왔다. 그가 집으로 돌아오자, 마을 사람들이 그를 전쟁터에서 살아 돌아온 영웅이라고 추켜세우며 그의 집으로 모여들었다. 전쟁에 관한 담화가 오고가는 중, 한 사람이 물었다.

"자네가 타고 갔던 검은 말은 어디에 있는가?"

"내 말은 전쟁터에서 죽었습니다. 그래서 그 꼬리를 잘라 가지고 왔습니다."

마을 사람 중에 한 사람이 꼬리를 보고, 말했다.

"자네가 원래 탔던 말은 검은 말인데, 어찌하여 꼬리가 흰색인가?"

그는 한마디도 못했고, 사람들의 비웃음을 사게 되었다.

거짓말을 하면 언젠가는 들통 나기 마련이다. 곧 인과법으로 드러나는 법이다. 저 사람이 차라리 솔직했더라면 용감하다는 말은 듣지 못했겠지만, 적어도 동정은 받았을 테고, 신뢰감은 잃지 않았을 것이다. 불자라면 누구나 지켜야 할 규범 중에 '거짓말하지 말라'는 계율이 있다. 부처님 재세 시에 일부 스님들 가운데 수행의 도과道果를 이루지 못했으면서 자신들은 "아라한이 되었다"고 거짓말을 하는 경우가 있었다. 부처님은 이렇게 거짓말을 하는 비구에게 "거짓으로 성자를 사칭하는 것은 계율 중 바라이죄波羅夷罪[교단에서 떠나야 함]를 지은 것이다"라고 하며 크게 꾸짖었다. 불교에서 거짓말을 엄중하는 이유가 바로 이 점이다.

'무신불립無信不立'이라는 말이 있다. 신뢰가 없으면 살아갈 수 없다는 뜻이다. 거짓말은 인간관계를 가로막는 장벽과 같은 것이요, 솔직함은 서로를 신뢰하는 일차적인 상징이 된다. 자신이 상대에게 진실하게 행동하고 거짓말을 하지 않는다면 당연히 상대방은 그대를 신뢰할 것이요, 자연스럽게 상호간에 믿음이 형성된다. 인간은 모두가 나약한 존재다. 누구나 실수를 한다. 하지만 자신의 과오를 거짓말로 만회하려고 한다면 더 큰 거짓말을 불러들이게 되고, 스스로 더 큰 화를 자초하게 된다.

09 『반야심경』

고통을 제거하고 행복에 이르는 길

　불교의 수행체계는 이고득락離苦得樂[어리석음을 여의고 깨달음]·전미개오轉迷開悟·전식득지轉識得智이다. 곧 고를 여읨으로써 깨달음·해탈·행복을 얻는 것이다. 『반야심경般若心經』은 해탈과 행복에 이르는 길을 제시한 경전으로, 반야부 경전 중에서 핵심[→心]이 되는 요긴한 내용을 담고 있다고 해서 '심경心經'이라고 한다.

　『반야심경』의 원 제목은 『마하반야바라밀다심경摩訶般若波羅蜜多心經』이다. 인도 범어로는 『프라즈냐 파라미타 흐리다야 수트라(Prajñā-pāramitā-hṛdayà-sūtra)』이다. Prajñā는 반야般若 지혜라는 뜻이고, pāramitā는 도피안到彼岸, 저 언덕에 이른다는 뜻으로 반야의 완성을 의미한다. hṛdayà는 심장·정수라는 뜻이며, sūtra는 경전을 뜻한다.

　이 경전의 기본 주제는 '인간의 고통을 해소해 어떻게 열반 언덕에 이를 것인가?'이다. 『반야심경』에서는 5온·6근·6경·6식·12연기 등 중생이 존재하는 현상과 관념이 모두 '공空'이라고 제시하고 있다. 현상이 모두 공하기 때문에 4성제·12연기·지智와 득得 등 깨달음의 방식 또한 초월된 공이어야 함을 강조한다. 이렇게 공을 체득한 세계가 바로 열반 언덕에 도달한 것이다. 짧은 경전이지만, 불교의 정수를 담고 있다. 현재 우리나라 의례나 불교행사 때, 독송하는 『마하반야바라밀다심경』은 당나라 때, 현장玄奘(602~664) 법사의 한역본이다.

고를 여읨으로써 행복에 이르는 길을 제시한 『반야심경』

반야부 경전 중에서 핵심[→心]이 되는 내용을 담았다 해서 '심경心經'이라고 함.

현재 우리나라의 의례나 불교행사 때, 독송하는 『마하반야바라밀다심경』은 7세기 당나라 때, 현장 법사의 한역본임.

5온·6근·6경·6식·12연기 등 중생이 존재하는 현상과 관념은 모두 '공空'

현상이 모두 공하기 때문에 4성제·12연기·지智와 득得 등 깨달음의 방식 또한 초월된 공이어야 하고, 공을 요달한 세계가 바로 열반 언덕에 도달한 것임.

고통을 여읜 해탈의 경지[離苦得樂]를 서술.

조계종 통일본 마하반야바라밀다심경

❶   관자재보살이 깊은 반야바라밀다를 행할 때,
오온이 공한 것을 비추어 보고 온갖 고통에서 건너느니라.

❷   사리자여! 색이 공과 다르지 않고 공이 색과 다르지 않으며,
색이 곧 공이요 공이 곧 색이니, 수상행식도 그러하니라.
사리자여! 모든 법은 공하여 나지도 멸하지도 않으며,
더럽지도 깨끗하지도 않으며, 늘지도 줄지도 않느니라.
그러므로 공 가운데는 색이 없고 수상행식도 없으며,
안이비설신의도 없고, 색성향미촉법도 없으며,
눈의 경계도 의식의 경계까지도 없고,
무명도 무명이 다함까지도 없으며,
늙고 죽음도 늙고 죽음이 다함까지도 없고,
고집멸도도 없으며, 지혜도 얻음도 없느니라.

❸   얻을 것이 없는 까닭에
보살은 반야바라밀다를 의지하므로
마음에 걸림이 없고 걸림이 없으므로 두려움이 없어서,
뒤바뀐 헛된 생각을 멀리 떠나 완전한 열반에 들어가며,
삼세의 모든 부처님도 반야바라밀다를 의지하므로
최상의 깨달음을 얻느니라.

❹   반야바라밀다는 가장 신비하고 밝은 주문이며
위없는 주문이며 무엇과도 견줄 수 없는 주문이니,
온갖 괴로움을 없애고 진실하여 허망하지 않음을 알지니라.
이제 반야바라밀다주를 말하리라.
아제아제 바라아제 바라승아제 모지 사바하(3번)

마하반야바라밀다심경

❶ 觀自在菩薩 行深般若波羅蜜多時 照見五蘊皆空 度一切苦厄

❷ 舍利子 色不異空 空不異色 色卽是空 空卽是色 受想行識 亦復如是
　舍利子 是諸法空相 不生不滅 不垢不淨 不增不減
　是故 空中無色 無受想行識 無眼耳鼻舌身意 無色聲香味觸法
　無眼界 乃至 無意識界 無無明 亦無無明盡 乃至 無老死 亦無老死盡
　無苦集滅道 無智亦無得

❸ 以無所得故 菩提薩埵 依般若婆羅蜜多故 心無罣碍 無罣碍故
　無有恐怖 遠離顚倒夢想 究竟涅槃 三世諸佛 依般若波羅蜜多
　故得阿耨多羅三藐三菩提

❹ 故知 般若波羅蜜多 是大神呪 是大明呪 是無上呪 是無等等呪
　能除一切苦 眞實不虛 故說 般若婆羅蜜多呪 卽說呪曰
　揭帝揭帝 波羅揭帝 波羅僧揭帝 菩提娑婆訶(3번)

❶ 관자재보살 행심반야바라밀다시 조견오온개공 도일체고액

❷ 사리자 색불이공 공불이색 색즉시공 공즉시색 수상행식 역부여시
　사리자 시제법공상 불생불멸 불구부정 부증불감
　시고 공중무색 무수상행식 무안이비설신의 무색성향미촉법
　무안계 내지 무의식계 무무명 역무무명진 내지 무노사 역무노사진
　무고집멸도 무지역무득

❸ 이무소득고 보리살타 의반야바라밀다고 심무가애 무가애고
　무유공포 원리전도몽상 구경열반 삼세제불 의반야바라밀다
　고득아뇩다라삼먁삼보리

❹ 고지 반야바라밀다 시대신주 시대명주 시무상주 시무등등주
　능제 일체고 진실불허 고설 반야바라밀다주 즉설주왈
　아제아제 바라아제 바라승아제 모지사바하(3번)

고통을 떨쳐버리고 행복에 이르는 길

> ❶ 관자재보살이 깊은 반야바라밀다를 행할 때,
> 오온이 공한 것을 비추어 보고 온갖 고통에서 건너느니라.

관자재보살이 깊은 반야바라밀다[지혜의 완성]를 행할 때, 5온●이 공空이라는 것[諸法空相]을 관조한 뒤에 깨달음을 얻고, 모든 고통과 고뇌에서 벗어났다는 뜻이다. 이는 『반야심경』의 주제이기도 하다.

이렇게 공을 체득하면 고통에서 벗어나 보리심을 얻는다. 반야의 공관[無我]으로 비춰봄으로써[있는 그대로 봄으로써] 모든 존재가 서로 조합되어 모인 것임을 투득透得해 막힘없이 환하게 깨닫는 경지이다.

같은 반야부 경전인 『금강경』 28품에서는 "만약 어떤 사람이 '일체법이 무아無我'●●임을 알고 깨달음을 얻는다면, 이 보살은 매우 수승한 공덕을 얻는다"라고 하였다.

무아사상으로 정각을 이룬 스님이 있다. 『잡아함경』에 의하면, 와지라(Vajirā, 金剛) 비구니는 5온가아五蘊假我로 무아사상을 깨달았다. 와지라가 선정에 들려고 하는데, 마구니 빠삐마(Pāpimā)가 방해하기 위해 이런 게송을 읊었다.

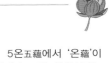

"누가 이 중생을 만들었는가?
중생을 만든 자는 어디에 있는가?
중생은 어디에서 생겨나고,

● 5온五蘊에서 '온蘊'이란 무더기, 모임, 쌓임이라는 뜻이다. 색온色蘊은 존재를 이루고 있는 물질적인 형태이다. 수·상·행·식온은 정신적인 범주이다. 수受는 고통과 즐거움, 불고불락不苦不樂을 느끼는 감수感受 작용이다. 상想은 표상表象으로 개념의 정립이다. 행行은 마음의 의지 작용이 나아가는 상태이다. 행온은 번역이 정확하지 않아 일반적으로 '상카라(saṃkhārā)'라는 개념이 정확할 듯하다. 식識은 식별하는 인식이나 의식, 판단 작용이다.

●● 초기불교의 무아사상을 대승불교의 사상으로 하면 공사상이다.

중생은 어디로 사라지는가?”

마구니의 게송을 듣고 와지라가 다음 게송으로 화답했다.

“그대는 왜 중생이라고 하는가? 악마여, 그것은 그대의 사견이다.
5온의 덩어리일 뿐, 여기서 중생을 찾지 못한다네.
마치 모든 부속이 모여서 수레라는 명칭이 있듯이,
이와 같이 5온에 의해서 중생이라는 거짓 이름이 있을 뿐이다.”

그대, 어떤 모습으로 어디에 존재하는가?

❷ 사리자여! 색이 공과 다르지 않고 공이 색과 다르지 않으며,
색이 곧 공이요 공이 곧 색이니, 수상행식도 그러하니라.
사리자여! 모든 법은 공하여 나지도 멸하지도 않으며,
더럽지도 깨끗하지도 않으며, 늘지도 줄지도 않느니라.
그러므로 공 가운데는 색이 없고 수상행식도 없으며,
안이비설신의도 없고, 색성향미촉법도 없으며,
눈의 경계도 의식의 경계까지도 없고,
무명도 무명이 다함까지도 없으며,
늙고 죽음도 늙고 죽음이 다함까지도 없고,
고집멸도도 없으며, 지혜도 얻음도 없느니라.

상대성 원리로 유명한 아인슈타인은 젊은 시절에 매우 가난해 식사조차 변변히 할 수 없었다. 어느 날, 아인슈타인이 빵 한 조각으로 식사를 하고 있는

데, 친구들이 방문했다. 식탁을 본 친구들이 걱정을 하며, 말했다. "아니 고작 빵 한 조각과 물 한 잔으로 식사를 하다니… 이렇게 힘들게 살면 우리에게 도와달라고 하지 그랬나!"라고 하자, 그가 말했다.

"무슨 소리인가! 이 빵 속에는 소금·설탕·밀가루·베이킹파우더·달걀·물 등이 곁들여 있다네. 다양한 재료가 들어 있는 빵을 먹고 있으니, 나는 지금 만찬을 즐기는 중이네."

여기서 현상적으로 볼 때, 비록 빵 한 조각이지만 그 빵에는 수많은 물질적 요소가 결합되어 있다. '소금이 빵이다', '설탕이 빵이다', '밀가루가 빵이다'라고 할 수 없지 않은가?

즉 빵 덩어리[色]에 여러 물질들[소금·설탕·밀가루·베이킹파우더·달걀·물]이 인연되어 결합체를 이루었을 때를 '빵'이라고 이름 붙이는 것이다. 그래서 모든 요소들이 의미가 없지만 하나로 모였을 때 존재할 수 있는 형체[빵]를 이루기 때문에 공이라고 말한다. 각각 '물질적 요소들이 곧 빵'이요, '빵은 곧 여러 물질적 요소들'이다. '공이 곧 색'이고, '색이 곧 공'이라는 원리이다.

또 자동차를 예로 들어 보자. 자동차가 수많은 종류의 부속품으로 모여 있는 것을 '차'라고 이름한다. 운전사가 직접 운전을 함으로써 자동차 역할을 한다. 자동차의 부속품을 하나하나 떼어놓으면, 부속품 각각을 자동차라고 할 수 없다. 그래서 각 부속품의 존재만으로는 차의 역할을 할 수 없기 때문에 공이라고 하는 것이다.[『밀린다왕문경』에서는 '수레'에 비유함]

인간을 이루고 있는 5온도 마찬가지이다. '색色'이라고 할 때, 인간의 육체는 수많은 물질[4대: 地·水·火·風]이 모여서 이루어진 것이다. 인간의 정신도 마찬가지다. 정신적 기능인 수·상·행·식도 잠깐 모여 하나의 쌓임을 이루고 있을 뿐이다. 그러니 5온의 각각을 '아我'라고 이름 붙일 실체가 존재하지 않는다. 또한 끊임없이 흐르며 변화된다. 이 변화를 바로 무상無常이라고 한다.

『금강경』의 32품에서는 "일체의 모든 유위법은 꿈·허깨비·물거품·그림자·

이슬·번개와 같으니, 이렇게만 관찰할지니라"라고 하였는데, 이렇게 만물이 무상하기 때문에 실체가 없는 무아이다. 도표로 그려보면 이러하다.

실체가 없는 무아(無我)

'나'라고 하는 존재는 <u>5온이 모여 '나'를 이루고 있다.</u>
무아無我

'나'를 구성하고 있는 개체들은 잠시도 <u>고정됨이 없이 끊임없이 생멸변화를 한다.</u>
무상無常   무상[CHANGE]

색·수·상·행·식, 각각은 <u>개별적으로 실체가 없다.</u>
무자성無自性

실체가 없이 각각이 모인 것이므로 <u>진정한 '나'라고 할 수 없다.</u>
비아非我

단지 이름 붙일 것이 없어 <u>'5온의 거짓된 나'라고 이름 붙일 뿐이다.</u>
5온가화합五蘊假和合·5온가아五蘊假我

앞에서 본 대로 무상無常하기 때문에 자성이 없는 무아無我이며, 무상無相이다. 그래서 실체가 없는 것이다. 인간의 범주는 여섯 가지 감각기관인 6근六根 [눈·귀·코·혀·몸·뜻], 6근의 인식대상인 6경六境[형체·소리·냄새·맛·촉감·법], 6근이라는 (직접적인) 인因과 6경이라는 (간접적인) 연緣이 만나서 인식하는데, 6식[안식·이식·비식·설식·신식·의식]이 된다. 곧 6근+6경+6식을 18계라고 한다.

인간이 세상을 인식하는 범주를 세계관이라고 할 수 있다. 즉 공간적인 인간의 범주를 18계라고 한다면, 시간적인 인간의 범주를 12연기●라고 할 수 있다.

6근이 살아 있기 때문에 모든 대상을 보고[→6경], 인식하며[→6식], 그 세계를 이룬다[→18계]. 곧 5온이 없으면 12처·18계·12연기도 없는 것이다. 이 없다고 하는 현상 그대로를 여실如實하게 보았을 때, 무상·고·무아를 깨닫는 것이다. 이런 다음, 지혜(vipassana)를 얻게 된다.[해탈경지에 이른다]

마음에 걸림이 없거늘 무슨 두려움이 있겠는가?

❸ 얻을 것이 없는 까닭에
보살은 반야바라밀다를 의지하므로
마음에 걸림이 없고 걸림이 없으므로 두려움이 없어서,
뒤바뀐 헛된 생각을 멀리 떠나 완전한 열반에 들어가며,
삼세의 모든 부처님도 반야바라밀다를 의지하므로
최상의 깨달음을 얻느니라.

앞에서 언급한 대로 어떤 실체나 자성이 없기 때문에 얻을 것조차 없는 무소득無所得의 경지이다. 얻어야 할 지혜가 있는 것도 아니요, 또한 얻었다는 관념조차 없는 것이 무주심無住心의 경지이다.

『금강경』에서도 "여래가 설하는 반야바라밀은 반야바라밀이 아니라 단지 이름이 반야바라밀이다"라고 하였다. 곧 6바라밀 중 마지막 '무주상반야無住相般若', 반야조차도 집착 없는 지혜이어야 한다. 이렇게 걸림 없는 마음[無住相=無住心=無心]으로 지혜를 얻기 때문에 두려움도 없으며, 번뇌를 여의고 깨달음에 들어가는 것이다.

● 12연기: 미혹한 중생계의 인과관계로서 12가지 과정을 거쳐서 발생과 소멸을 반복한다. ① 무명無明으로 말미암아 행이 있고, ② 행行으로 말미암아 식이 있으며, ③ 식識으로 말미암아 명색이 있고, ④ 명색名色으로 말미암아 6입이 있으며, ⑤ 6입六入으로 말미암아 촉이 있고, ⑥ 촉觸으로 말미암아 수가 있으며, ⑦ 수受로 말미암아 애가 있고, ⑧ 애愛로 말미암아 취가 있으며, ⑨ 취取로 말미암아 유가 있고, ⑩ 유有로 말미암아 생이 있으며, ⑪ 생生으로 말미암아 늙음·죽음이 있고, ⑫ 늙음·죽음[老死]으로 말미암아 근심·슬픔·괴로움·번민이 있다.

저 언덕에 이르는 지름길

❹ 반야바라밀다는 가장 신비하고 밝은 주문이며
　위없는 주문이며 무엇과도 견줄 수 없는 주문이니,
　온갖 괴로움을 없애고 진실하여 허망하지 않음을 알지니라.
　이제 반야바라밀다주를 말하리라.
　아제아제 바라아제 바라승아제 모지 사바하(3번)

5온이 공한 것을 깨달으면 일체의 모든 고통이 사라진다. '반야바라밀다'는 인간의 참 마음이요, 걸림 없는 자유로운 마음이며, 두려움을 여읜 마음이고, 청정한 참 본성이다. 이러한 참된 마음을 대긍정으로 표현한 반야바라밀다이므로 신이하고, 가장 밝으며, 최고의 진언이다. 주석가들은 한결같이 반야바라밀다는 지혜의 완성으로서 헤아릴 수 없는 용用을 갖춘 신비로운 진언이라고 한다. 제파提婆[2~3세기 인도 中觀學派의 論師, 용수보살의 제자] 보살은 반야바라밀다에 대해 이렇게 말하고 있다.

"밝은 등불이 어두움을 없애주고, 좋은 약이 모든 독을 제거하는 것처럼, 반야바라밀다는 모든 괴로움을 제거해 주기 때문에 온갖 괴로움을 없애 준다[能除一切苦]. 관觀하는 수행을 오롯이 하면, 그 얻는 증득이 반드시 있기 때문에 '진실하여 허망하지 않다'는 것이다."

이어서 제파 보살의 "아제아제 바라아제 바라승아제 모지 사바하" 해석을 보면 이러하다.

아제[揭諦] 아제 : 간다 간다

바라아제[波羅揭諦] : 저쪽으로 간다[彼岸去]

바라승아제[波羅僧揭諦] : 결정코 피안에 도달했다

모지 사바하[菩提薩婆訶] : 도심道心 있는 중생이여!

이 진언은 현재형으로 끊임없이 수행하는 의미도 담겨 있지만, 오래 전 피안에 도착해 있다는 과거형의 의미로도 볼 수 있다. 즉 인간이 참된 본성을 갖추고 있기 때문에 본래 부처로서 깨달아져 있다는 측면이 담겨 있는 것이다.

중국의 래과來果(1881~1953) 스님은 우연한 기회에 어느 승려가 『반야심경』을 독송하는데 '무지역무득無智亦無得'이라는 구절에서 문득 깨닫고, 매일 일곱 차례씩 독경하였다. '마하반야바라밀'.

우리 모두가 다른 모습의 부처입니다.
마음 속 부처의 마음을 깨닫고
함께 나누는 삶을 이루세요.

10 『금강경』

어떻게 마음을 다스리고,
어떻게 살아야 하는가?

　기원전 1세기 전후 보살사상이 대두되면서 대승불교 운동이 일어났다. 대승불교가 발생한 이후 경전이 결집되었는데, 처음으로 반야부 경전이 결집된다. 반야부 경전도 600부 경전으로, 『금강경』은 『대반야바라밀경』 600권 가운데 577권 째에 해당한다.

　이 경의 전체 이름은 『금강반야바라밀경』으로 산스끄리뜨어는 와즈라쩨디까 쁘라즈냐 빠라미따 수뜨라(Vajracchedikā prajñā-pāramitā sūtra)이다. 와즈라쩨디까는 금강석金剛石으로 견고하여 어떤 것도 깨뜨릴 수 있다는 뜻이다. 쁘라즈냐는 반야般若, 지혜로써 모든 번뇌를 깨뜨린다는 의미이다. 곧 『금강경』은 다이아몬드처럼 견고하고 빛나는 깨달음의 지혜로써 번뇌와 고통을 소멸하여 평화와 행복만이 있는 저 언덕에 도달하게 해 주는 진리를 설한 경전이라고 할 수 있다. 『금강경』의 내용은 사위성 기수급고독원에서 부처님과 해공解空 제일인 수보리 존자와의 문답형식으로 구성되어 있다.

　『금강경』은 선종의 소의경전이요, 조계종의 소의경전이기도 하다. 현재 우리나라에서 가장 많이 유통되는 『금강경』은 구마라집(344~413년) 역본인데, 이 본을 조계종의 표준본으로 하고 있다. 『금강경』은 32분으로 분류되어 있는데, 이는 양나라 소명 태자가 나눈 것을 그대로 따르고 있다.

마음을 어떻게 다스리고, 어떻게 살아야 하는지 일깨워주는 『금강경』

가원전 1세기 전후 보살사상이 대두되면서 대승불교 운동이 일어남. 대승불교가 발생한 이후 처음으로 반야부 경전이 결집됨.
『금강경』은 『대반야바라밀경』 600권 가운데 577권 째에 해당됨.

원제목은 『금강반야바라밀경』, 산스끄리뜨어로는
와즈라쩨디까 쁘라즈냐 빠라 미따 수뜨라
(VAJRACCHEDIKĀ PRAJÑĀ-PĀRAMITĀ SŪTRA)
와즈라쩨디까는 금강석으로 견고하며 어떤 것도 깨뜨릴 수 있다는 뜻이고, 쁘라즈냐는 반야般若, 지혜로써 모든 번뇌를 깨뜨린다는 의미.
다이아몬드처럼 견고하고 빛나는 깨달음의 지혜로써 번뇌와 고통을 소멸하며 평화와 행복이 있는 저 언덕에 도달하게 해 주는 진리를 설한 경전.

인도 사위성 가수급고독원에서 석가모니 부처님과
해공제일인 수보리 존자와의 문답형식으로 구성되어 있음.
『금강경』은 32분으로 분류되어 있는데, 6세기 양나라 소명 태자가 나눈 것임.

선종의 소의경전이요, 조계종의 소의경전. 현재 우리나라에서 가장 많이 유통되고 있는 구마라집본 『금강경』은 조계종의 표준본임.

『금강경』이 왜 조계종의 소의경전이 되었는가?

'조계종'은 우리나라의 여러 종파 가운데 선禪을 표방하는 종파이다. 선종은 달마가 520년에 인도에서 중국으로 오면서부터 종파로서 성립되었다. 선종의 초조初祖인 달마로부터 시작되어 2조 혜가 이후 법맥이 6조 혜능(638~713)까지 전승된다.● 우리나라 조계종은 6조 혜능의 법손인 제자들로부터 나말여초에 법맥을 받아왔으며, 오늘날에 이르고 있다. 또한 '대한불교조계종'이라 할 때, 조계종이라는 명칭은 6조 혜능이 광동성廣東省 조계산曹溪山에 상주했던 산 이름을 그대로 딴 것이다.

『육조단경』에 의하면, 혜능은 옛날부터 유배지로 유명한 중국의 영남 신주 사람이다. 오랑캐 땅이라 불리는 고장에서 태어난 혜능은 속성이 '노盧'씨로서 권세 있는 집안의 후예라고 한다. 홀어머니를 모시고 살던 그의 직업은 나무꾼이었다. 어느 날 그가 나무를 해서 집으로 돌아가던 중 잠깐 쉬어가기 위해 주막집에 들어갔다가, 방에서 흘러나오는 한 승려의 『금강경』 읽는 소리를 들었다. 그때 '응무소주應無所住 이생기심而生其心'이라는 구절을 듣고 출가를 결심한다. 마침내 혜능은 호북성 기주 쌍봉산에 주석하고 있는 5조 홍인에게 출가하였다. 훗날, 스승 5조 홍인이 혜능에게 『금강경』을 설해 주었는데, 이때도 혜능이 '응무소주 이생기심' 구절을 듣고 깨달았다고 한다. 이런 데서 연유해 『금강경』을 조계종의 소의경전으로 하게 되었다.

『금강경』의 전체 구성 및 사상

『금강경』은 선사상을 담은 경전으로, 마음의 두 가지를 구축점으로 한다. 즉 심心에 있는 보리심菩提心과 그 반대 개념인 번뇌煩惱이다. 경전에서

● 6조 혜능 이후 법맥이 중국과 한국의 선사들에게 현재까지 전승되고 있지만, 혜능 이후로는 7조를 정확히 명시하지 않았다.

는 "보리심을 일으킨 대승의 보살이 어떤 마음을 가지며, 어떻게 그 번뇌를 다스려야 하는가?"로 문제를 상정하였다.

경전에서 그 답은 "자아에 대한 상相을 갖지 않고, 자신이 행한 어떤 것에도 집착하거나 관념을 갖지 않는 번뇌를 여읜 경지, 즉 무상無相·이상離相·무주심無住心·청정심淸淨心·무심無心에 머물러야 한다"고 제시하고 있다. 『금강경』에서 가장 많이 등장하는 '상相'에 대한 개념을 살펴보기로 하자.

첫째, 모양·형상·신체이다. 눈으로 보이는 어떤 존재의 모습이다.

둘째, 자애自愛·아만심·분별심·자만심 등이다. 일반적으로 아상이라고 통칭한다.

셋째, 관념·사견으로 자기중심의 사고로 가득 차 있는 경우이다.

넷째, 법상法相이다. 법에 대한 개념인데, 여기서 법이란 진리도 포함되지만, 모든 생각이나 마음, 사유작용으로 개념화하는 방식이 포함된다.

다섯째, (대상을 인식하는) 경계·현상 등 생각이 한정짓고 있는 의미를 넘어서고 있으며, 그 사유思惟를 자신의 개념 안에 구속시키는 틀(Frame)의 의미이다.

『금강경』의 상에 대한 해석은 전반적으로 둘째와 셋째를 의미한다.

『금강경』의 전체 구성은 보리심을 발發한 보살의 대승적 실천행을 골자로 한다. 중생을 제도하려는 발원과 작불作佛의 서원을 세우고, 6바라밀 실천 등이 담겨 있다. 또한 부처님으로부터 부처가 될 것이라는 예언[授記]을 받는 대승사상이 등장한다. 또한 대승불교의 실천 체계이자 깨달음의 경지를 표현하는 무주심·청정심을 중시한다.

『금강경』의 수행체계

2품에 수보리가 부처님께 이런 질문을 한다.

"가장 높은 최상의 깨달음을 얻고자 하는 마음[阿耨多羅三藐三菩提心]을 일으킨 선남자 선여인이 ① 어떤 마음을 가져야 하며[應云何住], ② 어떻게 그 마음[번뇌]을 다스려야 합니까[云何降伏其心]?"

조계종 표준본에서는 ①응운하주를 '어떻게 살아야 하는가?'로 해석하고, ②운하항복기심을 '어떻게 그 마음을 다스려야 하는가?'로 번역하고 있다.

필자는 ①응운하주를 '보리심을 낸 보살은 어떤 마음자세를 가져야 하는가?'로 보고, ②운하항복기심을 '어떻게 번뇌로운 마음을 다스려야 하는가?'로 보는 것이 타당하다고 본다. 이 응운하주와 운하항복기심은 『금강경』의 수행체계요, 불자로서의 삶의 방법론이다.

어떻게 마음을 다스려야 하는가?

3품에 의하면, 수보리의 두 번째 질문인 "②어떻게 그 마음[번뇌]을 다스려야 합니까?"라는 질문에 부처님께서는 이렇게 답변하셨다.

"보리심을 일으킨 보살은 9류중생九類衆生●을 제도해서 무여열반[최고의 깨달음의 경지]●●에 들게 하되 한 중생도 제도된 자가 없다. 보살에게 4상四相이 없기 때문이다."

보리심이란 보살이 해탈 열반을 추구하는 의미도 있지만, 더불어 중생을 제도한다는 의미도 함께 갖고 있다. 그런데 '번뇌로운 마음[其心]을 어떻게 다스려야 하느냐'가 관건이다. 이에 대한 답은 '보리심을 일으킨 사람은 중생을 제도했으되, 제도했다는 관념이나 집착[四相]●●●을 가져서는 안 된다'고 하였다.

보리심을 낸 보살은 어떤 마음자세를 가져야 하는가?

4품에 의하면, 수보리의 "①어떤 마음 자세를 갖고 살아야 하는가?"의 질문에 부처님께서 수보리에게 이렇게 말씀하셨다.

"수보리야, 보살은 현상[法]에 집착 없이 보시해야 한다. 형색[色]에 집착하지 않고 보시하며, 소리·냄새·맛·감촉·생각의 대상에 집착하지 않고 보시해야 한다. 이와 같이 보살은 무주상無住相의 마음으로 보시해야 한다. 만약 보살이 어떤 대상에 집착하지 않고 보시한다면, 생각으로 헤아릴 수 없을 만큼 그 복덕은 광대하고 무량하다."

6바라밀 가운데 보시바라밀을 행할 때도 베풀었다는 집착이나 관념 없이 보시하라는 뜻이다. 곧 무주상보시無住相布施이다. 이렇게 대상에 집착하지 않고 보시한다면 그 복덕은 헤아릴 수 없을 만큼 매우 크다고 강조하고 있다. 이렇듯이 『금강

● 9류중생: 이 세상에 존재하는 중생의 형태 부류이다. 즉 알로 태어난 것, 태로 생기는 것, 습기로 생기는 것, 홀연히 화하여 생기는 것, 혹 형상이 있는 것, 혹 형상이 없는 것, 혹 생각이 있는 것, 혹 생각이 없는 것, 혹 생각이 있기도 하고 없기도 한 것 등이 있다. 경전에서 제시한 그대로이다.

●● 무여열반無餘涅槃: 최고의 깨달음의 경지이다. 불타의 죽음을 반열반般涅槃이라고 하는데, 곧 무여열반을 말한다. 부처님의 생전 열반을 유여열반有餘涅槃이라고 하고, 육신까지 소멸한 열반을 무여열반이라고 해석한다. 곧 육신이라는 번뇌가 남아 있기 때문에 유여열반이라고 하는 것이다.

●●● 4상: 『금강경』에서 4상은 아·인·중생·수자상이다. 조계종 표준본 『금강경』의 해석을 보면 이러하다. 아상我相은 자아가 있다는 관념, 인상人相은 개아가 있다는 관념, 중생상衆生相은 중생이 있다는 관념, 수자상壽者相은 영혼이 있다는 관념이다.

경』도 초기 대승 경전답게 수행의 완성으로서 6바라밀을 강조한다. 무주상보시
는 '응무소주 이생기심[應無所住 而生其心]'의 구조와 같다. 좀 더 확대해 살펴보자.

이 구절은 6조 혜능이 듣고 출가 결심을 하게 된 중요구절이다. 응무소주 이
생기심은 『금강경』의 대표 주제 가운데 하나로서 후대 선종이 발달하면서 승
려들이 수행 목표로 설정하기도 하였다. 경에서 무주상, 곧 무심을 강조하기
때문에 선종의 선사들이 『금강경』을 주목하는 이유이다.

10품에 의하면, "모든 보살은 응당 청정심을 내어야 한다. 보살은 형색에 집
착하지 않고, 마음을 내어야 하며, 소리·냄새·맛·감촉·생각의 대상 경계에
집착하지 않고[應無所住] 마음을 내어야 한다[而生其心]"고 하였다.

즉 보살은 '6근의 대상 경계인 소리·냄새·맛·감촉·생각의 대상, 6境에 집착
하거나 머무는 마음이 없이 마음을 내라'는 뜻이라고 할 수 있다. 여기에서 기
심其心이란 바로 앞 문장 단어인 『금강경』에서 청정심을 말한다.

『금강경』이 무주상보시無住相布施와 무주상인욕無住相忍辱을 전면에 내세우고
있지만, 나머지 네 바라밀[지계·정진·선정·지혜]을 모두 포괄하고 있다. 6바라밀의
세 번째인 인욕의 무주상 또한 감동적이다. 부처님이 과거세 인욕선인忍辱仙人
으로 수행할 때, 가리왕에게 신체를 할절割截 당하면서도 4상에 집착하지 않았
다. 곧 부처님께서 '나의 신체', '나의 몸'이라는 상이 없었기에 상대방에 대한
원망이나 원한이 없는 무주심으로 욕됨을 참았다는 의미이다. 바로 이런 인욕
을 무주상인욕無住相忍辱이라고 할 수 있다.

대승불교의 근본 수행 목적은 반야[大智]와 자비[大悲]이다. 반야와 자비 중
어떤 것을 중시해야 하는가?에 있어 단언하기 어렵다. 하지만 두 개의 측면이
라기보다는 합일된, 혹은 쌍수된 측면이 되어야 한다. 곧 자비도 반야의 작용
에서 자연스럽게 나오는 것이 무주상자비無住相慈悲요, 반야도 자비의 작용을
바탕으로 드러나는 무주상반야無住相般若라야 한다. 이렇게 자비조차도 지혜가
수반되어 집착이나 관념 없이[應無所住] 그 마음을 내야 한다[而生其心].

과거·미래·현재 중 어느 시점에 마음에 점을 찍을 것인가?

『금강경』18품에 삼세의 마음을 얻을 수 없다는 내용이 있다.

"그 국토 가운데 있는 중생의 가지가지 마음을 여래가 다 안다. 왜냐하면 여래가 설한 모든 마음이란 마음이 아니요, 단지 그 이름만을 가지고 마음이라고 하기 때문이다. 그래서 수보리야, 과거의 마음도 얻을 수 없고, 현재의 마음도 얻을 수 없고, 미래의 마음도 얻을 수 없는 것이다."

이 부분과 관련해 회자되는 선사가 『금강경』의 대가라고 불린 당나라 때의 덕산 선감(782~865년)이다. 덕산은 선종의 5가 7종 가운데 운문종과 법안종 법맥에서 중요한 위치에 있는 인물이다. 덕산은 출가 이후 경전을 연구한 강사 출신으로 『금강경』의 대가로 알려져 있어 사람들은 그를 '주금강周金剛'이라고 불렀다. 그런데 덕산은 당시 북방 지역에 거주했는데 남방의 선사들이 문자[경전]를 부정하고 불립문자不立文字·견성성불見性成佛·직지인심直指人心을 주장하고 있다는 것에 반감을 갖기 시작했다. 마침내 덕산이 그들을 만나 담판을 짓겠다는 일념으로 길을 떠났다. 덕산이 용담숭신(782~865)의 절 앞에 당도해 마침 배가 고파 떡을 사먹으려고 하던 차에 떡장수 노파에게서 이런 질문을 받는다.

"『금강경』에 지나간 마음도 얻을 수 없고 현재의 마음도 얻을 수 없고 미래의 마음도 얻을 수 없다고 했는데, 스님께서는 어느 마음에다 점을 찍겠습니까(一點心)?"●

덕산은 노파의 질문에 답을 하지 못했다. 이후 덕산은 용담을 만나 법을 깨닫는다.

과거·현재·미래라고 불리는 시간이라는 것도

● '마음에 점을 찍다'는 점심點心은 우리나라에서는 정오에 식사하는 것을 뜻한다. 그런데 중국에서는 점심이 배가 고플 때, 잠시 시장기를 달래기 위해 먹는 '간식'을 뜻한다. 점심이라는 뜻에 있어 중국과 한국의 쓰임이 다르다.

인간의 사유 개념에 의해 만들어진 관념에 불과하다. 시간은 순간순간 찰나의 연결이요, 점선과 점선으로 구성되어 있는 것이다. 그런데 중생들은 하나로 나열되어 연결된 거라고 본다. 한 찰나에 머물러 그때를 현재의 마음이라고 하지만, 이 또한 과거의 마음이 되어버린다. 잠시도 머물러 있지 않는다. 무상하기 때문이다. 머물러 점찍은 그 마음이 참 마음이라고 하지만, 곧 흘러가버려 과거의 마음이 되어 버린다. 『금강경』 18분에서 말하는 '마음'도 시간적인 개체가 없음이요, 공간적으로도 고정된 실체의 마음이 없다. 단지 '마음'이라고 명명할 뿐이다. 그래서 18품에서 "여래가 설하는 마음이라는 것은 마음이 아니라 단지 마음이라고 이름할 뿐이다"라는 즉비논리가 전개되어 있는 것이다.

신체적 특징들은 모든 헛된 것이니 신체적 특징이
신체적 특징 아님을 본다면 바로 여래를 볼 수 있으리라.
凡所有相 皆是虛妄 若見諸相 非相 則見如來 [5품]

형색[色]에 집착하지 않고 마음을 내어야 하고,
성향미촉법에도 집착하지 않고 마음을 내어야 한다.
마땅히 집착 없이 그 마음을 내어야 한다.
不應住色生心 不應住聲香味觸法生心 應無所住 而生其心 [10품]

형색으로 나를 보거나 음성으로 나를 찾는다면
삿된 길을 걸을 뿐 여래를 볼 수 없느니라.
若以色見我 以音聲求我 是人行邪道 不能見如來 [26품]

일체 모든 유위법은 꿈·허깨비·물거품·그림자와 같으며, 이슬과 같고,
(순간 번쩍이는) 번개와 같나니, 반드시 이렇게 관찰할지니라.
一切有爲法 如夢幻泡影 如露亦如電 應作如是觀 [32품]

"최상의 깨달음을 얻고자 마음을 일으킨 사람은 어떻게 번뇌를 다스려야
하는가[云何降伏其心]?"- 2품
→ "보살은 모든 중생을 제도해서 무여열반에 들게 하되 한 중생도 제도한 자가 없다.
보살에게 4상四相이 없기 때문이다."- 3품
"최상의 깨달음을 얻고자 마음을 일으킨 사람은 어떤 마음으로 살아야
하는가[應云何住]?"- 2품
→ "보살은 어떤 현상[法]에 집착 없이 보시해야 한다. … 베풀었으되 베풀었다는
관념을 두거나 집착하지 말라[無住相布施]. - 4품
무주심無住心[無心]은 어떤 것에 대한 집착 없이 행하는 마음, 혹은 관념을 두지
않는 것이다. 무심은 중국 선사상의 근간이 됨.

"만약 보살이 무아법에 통달한다면, 이런 사람이 '참다운 보살'이다."(14품)
"일체법이 무아 無我임을 알면, 곧 무생법인[해탈]을 성취한다."(28품)

즉비논리卽非論理[A 卽非 A, 是名 A] : 즉비논리는 긍정을 하고,
다음에 부정을 한 뒤 다시 긍정하는 세 단계로 설해진 논리. 『금강경』에서
30여 회 정도 언급되어 있음.
A는 곧 A가 아니다. 단지 그 이름만을 가지고 A라고 한다.
"불국토를 장엄한다는 것은 곧 장엄이 아니라, 단지 그 이름이 장엄이다
[莊嚴佛土者 卽非莊嚴 是名莊嚴]. -17품

『금강경』은 무상과 무주, 즉비논리를 각 별개의 사상으로 논하지만, 분별심·(고정)관념
·집착심·아만심·차별심·사견·자애自愛 등 번뇌를 타파한 뒤에 지혜가 발현됨을 강조함.
그래서 경전 명을 '금강金剛'이라고 이름 붙임.

11 『유마경』

재가불자의 롤 모델을 제시하다

『유마경』이 편찬된 성립 배경

부파불교 시대, 승려들의 지나친 법에 대한 천착으로 중생들을 향한 자비나 이타행이 잠식되어 있었다. 기원전 1세기 무렵, 대승불교가 일어나면서 대승불교도들은 이전의 기성 교단에 대해 비판하기 시작했다. 곧 출가자만 아라한이 될 수 있다는 것을 비판하며 출가자가 아닌 재가자도 부처가 될 수 있다는 캐치프레이즈를 내세웠다. 대승불교도들은 기존의 승단을 '소승小乘[聲聞·緣覺]'이라 하고, 자신들은 '보살승'이라고 자청했다.

이와 같이 『유마경』은 이전의 교단을 편협되고 그릇된 수행자들이라고 질타하며, 대승의 정당성을 표방하기 위해 성립된 경전이다. 이러한 내용이 『유마경』「제자품弟子品」에 그대로 드러나 있다. 곧 부처님께서 유마 거사가 병이 났음을 알고 제자들에게 문병을 가라고 하자, 제자들[小乘 상징]은 모두 문병 가기를 꺼려 한다. 제자들마다 예전에 유마 거사[大乘 상징]에게 혹독하게 비판 당했던 일에 대해 부처님께 고백하면서 과거를 회상하는 장면을 연출하고 있다.

대승행자인 보살이 자신의 해탈을 완성할 뿐만 아니라 중생을 구제하는 데 있어 차토此土를 버리고 피토彼土에서 구제하는 것이 아니라 차토, 그 자리에서

재가불자의 롤모델을 제시한 『유마경』

『유마경』은 대승불교의 정당성을 표방하기 위해 성립된 경전으로 「제자품」의 내용에서 잘 드러남.

대승행자인 보살은 중생 구제에 있어 차토此土를 버리고 피토에서 구제하는 것이 아니라 차토, 바로 이 자리에서 구제해야 한다고 강조.

성립연대는 확실하지 않으나, 반야부 경전 결집 이후, 『법화경』보다는 조금 이른 대략 1~2세기 무렵에 성립되었을 것으로 추론.

반야부 경전이 반야·공사상의 철학적이고 학문적인 체계가 갖춰져 있다면, 『유마경』은 공사상의 실천적인 측면이 담겨 있으며, 대표적인 선禪의 경전으로 알려져 있으며, 유마는 선자禪者로 회자되고 있음.

유마 거사는 실존 인물은 아니지만 대승불교의 종교적 이상형인 재가자의 본보기로 존경받음.

북위 시대, 용문석굴과 운강석굴 불상에 영감을 주었으며, 서역의 여러 석굴의 변상도에도 유마 거사와 문수보살의 대화 장면이 묘사되어 있고, 우리나라 석굴암에도 유마 거사가 모셔져 있을 정도로 대승불교국가에 큰 영향을 미침.

구제한다는 의미이다. 이는 차토즉피안此土卽彼土, 차안즉피안此岸卽彼岸이라는 말로 표현될 수 있다. 이렇게 『유마경』은 기성교단인 성문승에 대한 견제의식으로 '유마'라는 인물을 설정해서 경전의 내용을 전개하고 있다.

『유마경』의 불교사적 위치와 사상

『금강경』·『반야심경』 등 반야부 경전이 결집된 이후 『유마경』이 결집되었다고 본다. 『유마경』의 성립연대는 확실하지 않으나, 『법화경』보다는 경전 성립이 조금 이르다. 학계에서는 대략 1~2세기 무렵에 성립되었을 것으로 추측하고 있다. 『유마경』은 반야부 경전 가운데 가장 마지막에 결집된 경전이다. 반야부 경전이 전반적으로 반야·공사상의 철학적이고 학문적인 체계가 갖춰져 있다면, 『유마경』은 공사상의 실천적인 측면이 담겨 있다.

중국에서 초기 선종의 소의경전은 『능가경』이요, 6조 혜능(638~713)을 기점으로 『금강경』이 선종의 소의경전이 되었다. 한편 현재 대한불교조계종의 소의경전은 『금강경』이다. 그런데 『금강경』이나 『능가경』은 학문적 연구 외에는 선의 경전으로 자주 거론되지 않지만, 『유마경』은 선경禪經으로 널리 회자되고 있다.

『유마경』의 설법자, 유마 거사는 어떤 분인가?

유마 거사는 실존 인물은 아니지만, 대승불교의 종교적 이상인 재가신자의 본보기로 존경받는다. 그는 어느 곳에 처해 있든 동화되지 않고, 청정한 마음으로 번뇌에 빠진 중생들을 구제하는 보살이다. 한편 그는 선수행자로도 인식되는데, 당나라와 송나라 때 재가자들의 수행참여 의식을 높여 주는 롤 모델(Role model)이 되고 있다. 유마 거사와 비견해 중국의 방 거사(?~ 808), 우리나라의 부설 거사(신라시대)를 3대 거사라고 한다.

북위 시대, 용문석굴과 운강석굴 불상에 영감을 준 것도 『유마경』의 영향이며, 서역의 여러 석굴의 변상도에도 유마 거사와 문수 보살의 대화 장면이 묘사되어 있다. 우리나라 석굴암에도 유마 거사가 모셔져 있다.

우리가 살고 있는 질척한 현실세계가 그대로 정토

「불국품」에서 장자의 아들 보적이 "어떻게 하면 불국토가 청정해질 수 있느냐?"라고 질문하자, 부처님께서 다음의 세 가지 요점으로 답변하셨다.

첫째, "정토란 어떤 곳인가?"라는 질문에 "모든 중생들이 사는 곳이 그대로 보살의 불국토이다"라고 답하신다. 모든 중생들이 사는 곳이 그대로 보살의 불국토이다.

둘째, "어떻게 하여야 정토에 태어날 수 있는가?"에 대해서는 "정토에 태어나기 위해서는 직심直心·심심深心·보리심菩提心·6바라밀·4무량심四無量心[慈·悲·喜·捨]·4섭법四攝法[布施·愛語·利行·同事]·37조도품助道品 등을 닦은 중생들이 태어나 머물 수 있다"라고 하였다.

셋째, "어떻게 하여야 정토가 건설되느냐?"에 대한 질문에는 이렇게 답변하신다.

"정토가 건설되려면, 보살은 직심을 갖고 있으므로 좋은 일을 행하고[發行], 좋은 일을 행하므로 깊은 마음[深心]을 얻으며, 심심을 따르므로 생각이 조복되고, 생각이 조복되므로 말한 대로 행하며[說行], 말한 대로 행하므로 지은 공덕을 회향하고, 그 회향을 따라서 방편이 생기며, 방편을 따라 중생을 성취한다. 중생 성취함을 따라 국토가 청정해지며, 국토가 청정해지므로 설법하는 것도 청정해지고, 설법이 청정해지므로 지혜가 청정해지며, 지혜가 청정해지므로 그 마음이 청정해지고, 그 마음이 청정해지므로 일체 공덕이 청정해진다."

일반적으로 불교에서는 정토를 크게 두 부분으로 나눈다. 유심唯心 정토설●과 타방他方 정토설이다. 『유마경』은 유심 정토를 강조한다. ① 타방 정토설은 아미타불과 극락세계가 마음 밖에 실재한다고 보고, 오로지 아미타불 명호를 칭념稱念함으로써 아미타불의 래영來迎에 힘입어 극락에 왕생할 수 있다는 실재론적 정토관이다. 이 정토관은 내 몸 밖에 실재하는 아미타불에 대한 절대적인 의존과 귀의이다. ② 유심 정토설은 정토종에서 내세우는 타방 정토설과 반대로 선종에서 내세우는 사상이다. 타방이 아닌 현세의 현실 세계가 극락이라는 것이다. 그러나 현 자리가 정토임을 알기 위해서는 어떤 행을 필요로 하는데, 그것은 마음을 청정히 하여 깨달음을 이루었을 때, 바로 서 있는 그 자리가 정토라는 점이다.

에픽테투스(Epiktetos; 55~135년경. 이탈리아 로마 제정 시대의 노예 출신의 스토아 학파 철학자)는 이런 말을 하였다. "나에게 행복이란 내가 원하기만 한다면, 늘 그 자리에 서 있는 것이다. 따라서 모든 고난이나 역경은 내 마음먹기에 따라 행복으로 바뀔 수도 있다."

『유마경』은 현재 우리가 살고 있는 질척한 현실 세계가 그대로 정토라는 것이다. 그런데 그냥 정토가 되는 것이 아니라 "마음을 청정케淨心 한 사람이란 바로 보살이다"라고 하며, 보살이 머무는 경지가 불가사의한 경지이고, 그곳이 정토라고 하였다. 경전에서는 심청정心淸淨 국토청정國土淸淨이라고 하는데, 내 마음이 청정한 현실의 시공간을 불국토로 건설하는 것이다. 내 마음이 밝아야

● 불교에서는 세 곳의 정토를 말한다. 동방 아촉불이 있는 묘희국정토, 서방 아미타불이 있는 극락정토, 미륵보살이 있는 도솔천 정토이다. 현재 불자들이 믿고 있는 것은 극락세계의 서방 아미타불이다. 『유마경』에서는 차방정토此方淨土[淨佛國土], 유심정토唯心淨土[常寂光土], 타방정토他方淨土[來世淨土]를 언급하고 있다.

세계가 밝아지는 것이요, 내 마음이 행복해야 주변 환경도 행복해지는 것이다.

그대, 마음이 청정하지 못한 것은 누구의 탓인가?

사리불 존자는 '세존께서 보살행을 하실 때 마음이 청정했을 터인데, 어찌하여 이 사바세계는 청정하지 못할까?'라는 의구심을 갖는다. 이에 부처님께서 사리불의 마음을 간파하고 다음과 같이 말씀하신다.

"너는 어떻게 생각하느냐? 해와 달이 청정치 못해 눈먼 장님이 그것을 보지 못한다고 생각하느냐?"

"그렇지 않습니다. 세존이시여, 그것은 장님의 허물이지 해와 달의 허물이 아닙니다."

"사리불아, 중생이 죄업 때문에 여래의 국토가 청정함을 보지 못하는 것이다. 나의 허물이 아니다. 사리불아, 나의 이 국토는 청정하지만 네가 보지 못할 뿐이다" – 「불국품」

여래의 불국토는 청정하지만, 중생이 청정한 불국토를 보지 못하는 것은 여래의 잘못이 아니라 중생의 번뇌 때문에 보지 못하는 것이다. 부처님께서는 중생들에게 일음一音으로 가르침을 주시지만 중생들은 자신의 그릇대로[근기. 능력] 받아들이고 해석한다. 중생의 마음이 청정치 못해서 부처님의 청정한 국토를 보지 못하는 것이다. 결국 자신의 지혜가 부처님의 진리를 받아들일 만큼 근기가 되지 못하는 것이다.

연꽃은 맑은 고원이 아니라 진흙 밭에서 꽃을 피운다

"부처님은 증상만인을 위하여 탐·진·치 3독의 성품을 여의고 해탈한다고 설한다. 만일 증상만인이 없다면, 3독의 성품이 곧 해탈이다." - 「관중생품」

"부처의 해탈 가운데서 62견을 구할 수 있고, 부처의 해탈은 일체중생심
一切衆生心의 행行 가운데서 구할 수 있다." - 「문수사리문질품」

유마거사가 문수보살에게 물었다.
"어떤 것이 여래의 종자種子입니까?"
문수보살이 답변하였다.
"62견과 일체 모든 번뇌가 모두 부처되는 종자이다. 왜냐하면 출세간법出
世間法으로는 아뇩다라삼먁삼보리심을 내지 못한다. 마치 높은 육지에서는
연꽃이 나지 못하고, 낮고 질척한 진흙탕에서만 연꽃이 피어나는 것과 같
다." - 「불도품」

"연꽃은 맑은 고원의 물에서보다는 오히려 진흙 밭에서 꽃을 피운다. 번
뇌의 바다에 들어가지 않으면 지혜의 보물을 얻을 수 없다. 불도는 굳이
깊은 산골에 들어가 수행하는 것이 아니라 일상생활을 전개하면서 불법
을 버리지 않는 곳에 있다." - 「불도품」

위의 내용은 바로 깨달을 수 있는 본 성품, 즉 불성은 번뇌 안에 내재되어 있
는 것이요, 무명 속에 해탈을 품고 있다는 뜻이다. 『유마경』에서는 '불성'이라
는 단어 대신 여래종如來種·불종성佛種性이라는 단어를 쓰고 있다. 곧 해탈과
깨달음을 밖에서 구하는 것이 아니라 자신의 번뇌로운 마음 안에 내재되어 있
다는 뜻이다. 그래서 번뇌즉보리煩惱卽菩提·생사즉열반生死卽涅槃·차안즉피안此岸
卽彼岸이라고 한다.

한 개의 등불로 수천 등에 불을 밝히다[無盡燈]

유마 거사가 법의 즐거움에 대해 대중에게 설하였다. 이때 회중會衆에 마왕 파순과 동행한 천녀들이 있었는데, 파순이 천녀들에게 마魔의 궁전으로 빨리 돌아가자고 재촉한다. 그러자 천녀가 유마 거사에게 이렇게 묻는다. "우리들이 비록 마의 궁전에 살지만, 어떤 마음가짐으로 머물러야 합니까?" 유마거사가 말했다.

"그대들이여, '무진등無盡燈'이라고 하는 법문이 있는데, 그대들이 배워서 실천해야 합니다. 무진등이란 마치 한 등불이 다음 등불에 불을 붙여주고, 이어서 백천 등에도 똑같이 불을 밝혀서 어두운 곳을 다 밝혀 온 천지를 밝게 해 줄 수 있습니다. 이처럼 한 보살이 백천 중생을 인도하여 그들로 하여금 아뇩다라삼먁삼보리심을 발發하게 할 수 있지만, 원래의 보리심을 처음 발한 등불은 꺼지지 않으며 그 설법에 따라 좋은 법을 더할 수 있으니, 이것을 무진등이라고 합니다. 그대들이 비록 마왕 곁에 머물지만 많은 천인天人들로 하여금 보리심을 발하게 한다면, 첫째는 부처님 은혜를 갚는 길이요, 둘째는 일체 중생을 이익되게 하는 일입니다." – 「보살품」

'무진등 법문'이란 하나의 등불이 수천 등에 등불을 밝혀 줄 수 있듯이 한 사람의 신심으로 수많은 사람들에게 불심을 키워줄 수 있다는 뜻이다. 무진등은 한 사람의 원력과 신심이 수많은 사람을 구제해 줄 수 있다는 이타 사상에 근원을 둔다.

절대평등인 불이법문

문수보살이 31명의 보살들에게 불이不二[상대와 차별을 넘어선 절대평등의 경지]에 대해 묻는다. 31명의 보살들은 차례차례로 자신이 생각하고 있는 불이사상에 대해 언급한다.

생生·멸滅, 예穢·정淨, 선善·불선不善, 세간世間·출세간出世間, 유위有爲·무위無爲, 생사生死·열반涅槃 등 이 세계에 존재하는 대립 개념을 차례대로 말한다. 마지막으로 문수보살은 불이사상에 대해 이렇게 말한다.

"일체법에 대해 언어도 없고, 말할 것도 없으며, 드러낼 것도 없고, 인식할 것도 없어 일체 모든 문답을 여읜 것이 절대평등인 불이법문에 들어가는 것이다."

문수보살이 자신의 답변을 마치고, 유마 거사에게 불이법문에 대해 묻는다. 그러자, 유마 거사는 묵연히 아무 말도 하지 않는다.

문수보살이 유마 거사를 칭찬하며, 이렇게 말한다.

"참으로 훌륭하십니다. 문자도 없고 언어까지도 없는 그 자리가 참된 불이법문에 들어가는 것입니다." – 「입불이법문품」

불이법문은 『유마경』의 최고의 사상이 담긴 부분이다. 불이不二는 산스끄리뜨어로 아드바야(a-dvaya)라고 하며 중성명사로 쓰일 때는 통일성(unity)·동일성(identity)·궁극적 진리(ultimate truth)라는 뜻이다. 유마의 일묵一黙을 선종에서는 '우레와 같은 침묵'이라고 표현하며, 유마의 침묵이 불립문자不立文字의 세계를 상징하는 것으로 전승되고 있다.

한편 불이사상은 연기적 관계에서 볼 때, 대립개념이 아니라 상의상관相依相關, 상호보완적인 관계이다. 긍정과 부정, 평등과 차별, 편견과 대립을 내려놓는 화해와 화쟁의 논리체계라고 볼 수 있다.

좌선만 수행이 아니라 일상에서도 수행이 가능하다●

"부처님의 위의와 동작, 행行하는 일마다 불사佛事 아닌 것이 없다."

– 「보살행품」

"사리불아! 앉아 있는 것만이 좌선이 아니다. 무릇 좌선이란 3계에 몸과 뜻을 나타내지 않는 것이 좌선이며, 멸진정滅盡定에서 일어나지 아니하면서도 온갖 위의威儀를 드러내는 것이 좌선이며, 부처님의 도법道法을 버리지 않고 범부의 일을 나타내는 것이 좌선이며, 마음이 안에도 머물지 않고 밖에도 머물지 않는 것이 좌선이며, 번뇌를 끊지 않고 열반에 드는 것을 좌선이라고 한다." – 「제자품」

"보살이 만일 모든 바라밀로 중생을 교화하면, 온갖 행위 즉 일거수一擧手 일투족一投足이 모두 도량으로부터 와서 불법에 머무는 것이다." – 「보살품」

일상행위인 행行·주住·좌坐·와臥 일체 동작이 법계가 되며, 신身·구口·의意 3업의 행위가 전부 부처의 행이라는 것이다. 이런 경전 구절을 적극 활용하여 중국 조사선에서 노동하는 일이나 밥 먹는 일, 차 마시고 대담하는 일 등 인간의 모든 일상생활 속에서 수행할 수 있다는 것이다. 이를 '다반사茶飯事'라고 하는데, 원래 밥 먹고 차 마시는 것처럼, 수행도 일상적인 데서 도를 완성할 수 있다는 뜻이다. 고려의 보조 국사 지눌 (1158~1210)은 "불법佛法은 차 마시고 밥 먹는 곳에 있다"고 하셨다. 방거사는 오도송에서 "신통神通 묘용妙用(내 마음공부는) 물 긷고 땔나무 줍는 일로

● 우리들은 본래 깨달은 부처(本覺)이므로, 일상생활에서 전개되는 일체의 모든 행주좌와의 행위가 다 깨달음의 전개라고 보는 사상이 바로 중국 조사선祖師禪의 근본 사상이다.

다"라고 하였다. 그만큼 깨달음도 일상을 떠나서 달리 구할 수 있는 것이 아님을 시사한다.

중생에 대한 연민심을 가져야 정토에 태어날 수 있다

보살들이 유마 거사에게 물었다.

"보살이 몇 가지 법을 성취해야 이 세계에서 잘못되지 않고 정토에 태어날 수 있습니까?"

"보살이 여덟 가지 법을 성취하면 정토에 태어날 수 있습니다.

첫째, 중생에게 베풀되 되갚음을 바라지 않고,

둘째, 일체 중생을 대신해 모든 고통을 받으며 지은 공덕을 그들에게 회향하며,

셋째, 평등한 마음으로 중생을 대하고 겸손함을 잃지 않고,

넷째, 모든 보살을 부처님같이 섬기는 것입니다.

다섯째, 듣지 못하던 경전을 들어도 의심하지 아니하고,

여섯째, 성문과 더불어 서로 친근하게 지내어 남이 받는 공양을 질투하지 않고, 자신의 장점을 자랑하지 않으며, 사람들과 함께 하는 가운데 마음을 잘 다스리는 것입니다.

일곱째, 자신의 허물은 조심스럽게 살피고 남의 단점을 드러내지 않고,

여덟째, 게으르지 않고 한결같은 마음으로 공덕을 짓는 것입니다."

– 「향적불품」

"어떤 것이 연민히 여기는 것[悲]입니까?"

"보살이 짓는 공덕을 다 일체 중생과 더불어 함께 하기 때문입니다."

"어떤 것을 기쁨[喜]이라고 합니까?"

"환희심으로 (중생에게) 이익되게 함에 후회가 없는 것입니다."

"어떤 것을 평온[捨]이라고 합니까?"

"중생에게 짓는 공덕에 바라는 바가 없는 것입니다." – 「관중생품」

"사랑스러운 마음이 도량이니, 중생을 평등하게 바라보기 때문이고,

함께 연민히 여기는 마음이 도량이니, 피로와 괴로움을 견디기 때문이며,

기뻐하는 마음이 도량이니, 널리 가르침을 전하기 때문이고,

평온한 마음이 도량이니, 애증愛憎의 분별심이 사라졌기 때문이다.

4섭법[보시·애어·이행·동사]이 도량이니, 중생을 잘 거두기 때문이고,

마음을 조복 받는 것이 도량이니, 현상계의 모든 법을 있는 그대로 관觀하기 때문이다." – 「보살품」

이전의 상좌부 교단은 개인적 깨달음인 자리自利 차원에서만 종교적 지향을 추구했지만, 대승불교는 자신과 모든 이들의 이익을 함께 추구하는 경향이 강하다. 『유마경』은 이런 이타적인 차원에서 중생에 대한 애민심과 자비 사상이 경전 곳곳에 내포되어 있다.

진정한 베풂[보시]

"보시를 할 때는 평등한 마음으로 해야 하나니, 가장 천한 거지에게 보시할 때도 부처님께 공양 올리는 것처럼 해야 한다. 이때 분별심을 내어서는 안 된다. 대비심을 가지고 평등한 마음으로 보시하되 어떤 과보도 바라지 않고, 법답게 보시해야 한다." – 「보살품」

"수행자가 탁발을 할 때, 한 그릇 밥으로 일체 중생에게 보시하는 마음이

어야 하며, 먼저 부처님께 공양한 뒤에 먹어야 한다. 그에게 밥을 보시한 사람은 복덕이 큰 것도 작은 것도 아니며, 이익이 있는 것도 손해가 있는 것도 아니다." – 「제자품」

『유마경』은 초기 대승경전답게 보시에 대한 내용이 적지 않다. 그런데 이 보시 사상은 불교의 전반적인 사상이라고 할 수 있다. 석가모니 부처님의 재세시에도 이런 일이 있었다. 매우 가난한 여인이 있었다. 그녀는 무척 가난했지만, 부처님과 제자들에게 온 정성을 다해 음식[공양]을 올렸다. 어느 날 음식을 준비해서 부처님이 계시는 기원정사로 가는 도중에 길바닥에 쓰러져 굶어 죽을 것만 같은 개 한 마리를 발견했다. 여인은 부처님께 드리려고 하던 음식을 개에게 먹였다. 그리고 빈손으로 부처님을 찾아갔다. 부처님께서는 그녀의 행동을 다 알고, 그녀에게 이렇게 말씀하셨다.

"개에게 보시를 한 것은 나, 부처에게 보시를 한 것과 마찬가지이다. 그대는 매우 위대한 일을 하였다." – 「법구비유경」

『유마경』이 인생의 터닝포인트가 되었던 사람들

송나라 때, 유명한 정치인 장상영(1043~1121)은 간화선 수행자로 알려져 있다. 그는 유학자로서 불교를 하열한 오랑캐 종교로 여기고 있었다. 그러던 어느 날 우연히 친구 집에 방문했다가 책상 위에 놓인 『유마경』을 읽게 되었다. 그는 "유마 거사의 병은 지대地大로부터 온 것도 아니고, 또한 지대를 여읜 것도 아니다"라는 구절에 탄식하였다. 원래 『무불론無佛論』을 쓰려고 했던 그가 『유마경』을 접한 이후 『호법론護法論』을 지었다 이 『호법론』은 중국에서 수준 높은 저서로 알려졌으며, 유교·불교·도교, 3교 일치를 논한 저술로 매우 높은 평가를 받고 있다.

또『유마경』을 읽고 승려가 된 분이 있다. 중국의 역대 번역가로 유명한 구마라집의 제자인 승조(374~414)이다. 승조는 집안이 매우 가난하여 책을 필사하는 직업을 생업으로 삼았다. 필사 일을 하다 보니 고전과 역사에 지식이 풍부하고, 노장 사상에 깊이 심취되어 있었다. 승조에게 있어 도교의 노장 사상 이외 다른 것은 시시해 보일 정도였다. 승조는 장안에서 타인들로부터 시기를 받을 정도로 학문적 견해가 뛰어났다고 한다. 그러던 어느 날, 우연히『유마경』을 접한 뒤 환희심을 얻어 승려가 되었다. 당시 20세의 승조는 구마라집을 직접 찾아가 제자가 되었다. 승조가 지은『조론肇論』은 공사상에 대한 깊은 이해를 보여준 수준 높은 저서로 알려져 있으며,『조론』안에 실린「불진공론不眞空論」은 8세기 이후 선사상 발전에도 큰 영향을 미쳤다.

6조 혜능의 제자인 영가현각(665~713)은『유마경』을 읽고 깨달았으며, 이후 이를 토대로『증도가證道歌』를 지었다.

또한『유마경』과 인연이 깊은 사람이 있는데, 당나라 때 시인 왕유王維(700~761)이다. 그는 당송唐末 8대문장가로도 알려진 대문인이다. 왕유는 자연을 주제로 한 서정 시인이요, 화가로 한 시대 이름을 드날린 인물이다. 그의 어머니는 당시의 유명한 큰스님들을 모셨고, 왕유도 선사들과 교류가 빈번했으며, 선사들의 비문을 써주기도 하였다. 그는 자신의 성 왕王씨에 유마힐의 '마힐'을 따 스스로 왕마힐王摩詰이라고 자청하며,『유마경』을 독송하였다. 그는 문학 작품 속에 불교 경전의 사상을 많이 인용하여 중국문학사에서 그를 시불詩佛이라고 부른다.

12 『승만경』

불교적 페미니스트 사상을 담고 있는 여성인권의 상징

승만(śrimālā) 부인은 누구이고, 『승만경』은 어떤 경전인가?

『승만경』의 주인공인 승만 부인은 꼬살라국 사위성 빠세나디왕(Pasenadi)과 말리까(Mallikā) 부인 사이의 딸이다. 그녀는 아유타국의 우칭왕에게 시집을 갔는데, 어머니 말리까 왕비는 시집 간 딸 승만에게 편지를 보내어 부처님의 가르침을 따르도록 권유함으로써 승만 부인이 부처님께 귀의하였다.

승만 부인은 부처님으로부터 수기를 받은 뒤 감사한 마음으로 부처님의 공덕을 찬탄한다. 승만은 부처님께 열 가지 서원[十大受]을 세워 설하고, 세 가지 큰 서원[三大願]을 세운다. 이어서 부처님의 허락을 받고 정법섭수正法攝受에 입각해서 법을 설한다.

올바른 정법을 받아들이는 일이란 대승의 보살이 실천해야 할 덕목인 6바라밀 실천을 의미한다. 이어서 성문·연각·보살 3승의 가르침이 결국 일승一乘으로 귀일되며, 중생은 현재 번뇌에 뒤덮여 있지만, 그 본성은 청정한 본성[佛性]을 갖춘 여래장의 본질을 설하는 내용으로 구성되어 있다.•

불교적 페미니스트 사상을 담고 있는
여성인권의 상징, 『승만경』

『승만경』은 부처님의 허락을 받고 여성이 법을 설한 유일한 경전
'누구나 부처가 될 수 있다'는 여래장사상을 설하고 있음.

구나발타라 역의 『승만경』은 15장으로 구성되어 있음.
서론인 1장은 승만 부인이 미래세에 부처가 되리라는 수기를 받음.
본론[정종분]인 2장~13장에서는 승만 부인이 부처님께 열 가지 서원을
세우고, 진리를 설함. 결론인 14~15장은 승만이 왕궁으로 돌아가
남편과 국민들이 대승불교로 귀의하도록 인도함.

올바른 정법, 곧 대승의 보살이 실천해야 할 덕목인 6바라밀 실천 강조
성문·연각·보살 3승의 가르침이 결국 일승一乘으로 귀일됨.
중생은 현재 번뇌에 뒤덮여 있지만, 그 본성은 청정한 본성을 갖춘
여래장의 본질을 설하는 내용으로 구성되어 있음.

진흥왕 37년(576년), 안홍 법사가 『승만경』을 신라에 전하여 큰 영향을
미침. 선덕과 진덕 두 여왕이 『승만경』의 주인공인 '승만'으로 이름을 삼기도 함.

근래 여성 불자들의 활약이 두드러지면서
불교적 페미니스트 사상을 담고 있는 『승만경』이 부각되고 있음.

『승만경』의 불교사적 위치

『승만경勝鬘經』은 대승불교 중기 경전에 속하며, 3세기~6세기에 성립되었을 것으로 추정된다. 『여래장경』·『부증불감경』·『승만경』은 여래장삼부경이다. 『여래장경』은 여래장을 설하는 최초의 경전이고, 『승만경』은 여래장사상을 계승 발전시켜 교리를 조직화한 경전이라 할 수 있다.

『승만경』은 진흥왕 37년(576년), 안홍 법사에 의해 신라에 전래되었다. 이 경은 신라에 큰 영향을 미쳤는데, 선덕과 진덕, 두 여왕은 이 경전의 주인공인 '승만'으로 이름을 삼기도 하였다.

원효와 도륜이 『승만경소勝鬘經疏』라는 이름으로 주석서를 남겼다. 특히 원효는 『승만경』의 여래장사상을 중시했는데, 그의 현존 저서에도 『승만경』이 20여 회 인용되어 있다. 조선 시대를 거치며 이 교리가 잊힌 듯했지만 근래 여성 불자들의 활약이 두드러지면서 『승만경』이 부각되고 있다.

승만 부인의 중생에 대한 열 가지 염원

승만 부인이 부처님의 수기에 감사하며, 열 가지 서원을 세웠다.

첫째, 부처님! 저는 오늘부터 깨달음에 이를 때까지 계율을 범하지 않겠습니다.
둘째, 부처님! 저는 오늘부터 깨달음에 이를 때까지 저보다 선배인 어른들께 교만한 마음을 내지 않고 공경하겠습니다.
셋째, 부처님! 저는 오늘부터 깨달음에 이를

● 구나발타라 역의 『승만경』은 15장으로 구성되어 있다. 서론에 해당하는 1장은 승만 부인이 부처님께 귀의한 뒤 미래세에 부처가 될 것이라는 수기를 받는다. 본론[정종분]인 2장~13장까지는 승만 부인이 부처님께 서원을 세우고, 진리를 설하는 장면이다. 결론인 14~15장은 승만 부인이 왕궁으로 돌아가 남편과 국민들이 대승불교로 귀의하도록 인도하는 내용이다.

때까지 모든 중생들에게 성내는 마음을 내지 않겠습니다.

넷째, 부처님! 저는 오늘부터 깨달음에 이를 때까지 다른 사람의 형상이나 위의를 보고 질투하거나 다른 이의 소유물을 탐하지 않겠습니다.

다섯째, 부처님! 저는 오늘부터 깨달음에 이를 때까지 어떠한 일에나 물건에 있어 인색한 마음을 내지 않겠습니다.

여섯째, 부처님! 저는 오늘부터 깨달음에 이를 때까지 제 자신을 위해 재물을 모으지 않고, 제가 가지고 있는 물건을 가난하고 불쌍한 중생들을 위해 보시하겠습니다.

일곱째, 부처님! 저는 오늘부터 깨달음에 이를 때까지 제 자신만을 위해 살지 않고, 중생들을 위해 4섭법四攝法을 실천하겠습니다. 즉 중생들에게 늘 베풀고[布施], 자비로운 말을 하며[愛語], 그들에게 이로운 일이 있도록 도와주고[利行], 그들과 함께 함[同事]으로써 중생을 교화하겠습니다.

여덟째, 부처님! 저는 오늘부터 깨달음에 이를 때까지 고독한 사람·환자·자식이 없는 사람 등 고통 받고 재난당한 이들을 만나면 외면하지 않고 그들을 보살펴서 그들이 온갖 고난으로부터 벗어나도록 도울 것입니다.

아홉째, 부처님! 저는 오늘부터 깨달음에 이를 때까지 물고기를 잡거나, 사냥, 목축 등 살생하는 생업에 종사하는 사람을 만나면 그들을 결코 외면하지 않겠습니다. 책망해야 할 사람이라면 크게 꾸짖어 잘못을 깨우쳐 주고, 부드럽게 설득해 알아듣는 사람에게는 부드럽게 말해서 그들을 바른 길로 인도하겠습니다. 이렇게 그들을 제도해 불법이 세상에 오래 머물도록 하여 하늘의 천신이나 사람들은 점차 늘어나고, 악도에 떨어지는 중생은 적게 하겠습니다. 그리하여 이들이 부처님의 가르침을 따르고, 불법에 머물도록 하겠습니다.

열째, 부처님! 저는 오늘부터 깨달음에 이를 때까지 불법을 수지해 늘 잊지 않겠습니다. 불법을 잊어버리는 행위는 곧 대승을 잊는 것이요, 대승을 잊는 것은 바라밀을 잊는 것이며, 바라밀을 잊는 것은 대승을 원하지 않기 때문입니다. 만약 보살이 대승을 결코 원하지 않는다면 그는 정법을 수지하지 못하며, 환희로운 마음을 가지고 있어도 영원히 범부의 경지에 머물러 있는 것입니다. 이와 같이 저는 몇몇 보살들이 잘못되는 것을 보았고, 또 미래세에 보살들이 가르침을 올바르게 받아들여 복과 공덕이 충만해지도록 이 열 가지 큰 서원을 세웁니다. - 「십대수장」

이 승만 부인의 열 가지 서원은 어떤 경전의 서원보다 구체적이고 현실적이다. 불자님들께서 기도 끝에 이 열 가지를 꼭 발원문으로 독송하기를 권한다.

승만 부인의 세 가지 서원

승만 부인이 다시 부처님 앞에서 세 가지 큰 서원을 세웠다.
"부처님, 저는 진실한 서원으로 수많은 중생들이 편안하고 안온하도록 힘쓸 것입니다. 이 선근으로 어떤 세상에 태어나든지 정법의 지혜 얻기를 발원합니다. 이것이 첫 번째 서원입니다."
"제가 정법의 지혜를 얻은 후에 싫증내지 않고 중생들을 위해 법을 설할 것입니다. 이것이 두 번째 서원입니다."
"제가 올바른 가르침을 받아들이고[攝受正法] 육신과 생명, 재물을 보시해 정법을 수호하고 지켜나가겠습니다. 이것이 세 번째 서원입니다."

부처님 재세시에는 여인을 어떻게 보았는가?

중아함 『구담미경』에 의하면, 부처님의 이모인 마하빠자빠띠가 부처님께 출가하겠다고 했을 때, 부처님은 단호히 거절하였다. 그녀가 몇 차례 권청하고,

마침 아난다 존자가 부처님께 "법 앞에 남녀 구별이 없고, 진리 앞에 누구나 평등하다고 하면서 왜 여인의 출가는 반대하십니까?"라는 말에 결국 부처님께서 여인의 출가를 허락하셨다. 그때 비구니들이 8경계八敬戒를 지켜야 한다는 약속을 출가의 조건으로 내세웠다고 한다. 그렇다면 부처님 재세시 여인 출가자들은 어떠했고, 어떤 정각을 성취했는지를 보자.

케마(Khema)는 마가다국의 왕비 출신으로 아라한과를 성취한 비구니스님이다. 케마는 부처님을 친견하기 위해 좌선하던 자리에서 일어나 허공을 날아서 부처님이 계신 곳으로 갔다. 마침 부처님께서 지상으로 내려온 제석천 천왕과 그 권속들에게 설법을 하고 계셨다. 케마는 제석천 천왕 일행이 부처님과 함께 있는 것을 보고 허공 중에서 부처님께 공손히 인사만 하고 그 자리를 떠났다. 이를 본 삭까 천왕이 부처님께 여쭈었다.

"부처님, 저 비구니는 누구인데, 허공 중에서 부처님께 인사만 하고 떠납니까?"

부처님께서 말씀하셨다.

"삭까여, 저 비구니는 나의 딸 케마로서 지혜가 매우 깊고 뛰어나다. 나는 케마를 비구니 가운데 '지혜제일'이라고 부른다."

여성스러움을 극복해 위대한 성자로 태어난 케마 비구니는 마하빠자빠띠 다음가는 비구니로 인정받았다. 사리불 존자가 지혜제일이듯이 케마는 비구니 가운데 지혜제일이다. 부처님의 제자 가운데 비구 10대제자가 있듯이 비구니 가운데서도 뛰어난 10대제자가 있다.

목갈라나 존자처럼 신통제일이라고 칭한 웃빨라완나(Uppalavannā), 우빨리 존자처럼 계율제일인 빠따짜라(Patacāra), 부루나 존자처럼 설법제일인 담마딘나(Dhammadinnā), 깟사빠 존자처럼 평생 낡은 가사를 걸치고 수행한 조의제일組衣第一인 끼사고따미(Kisāgotamī) 비구니가 있었다. 또한 정진제일의 소나(Sonā), 선정에 뛰어난 난다(Nandā), 첩혜제일捷慧第一(날카로운 직관력을 가진 자)의 밧다 꾼달라께

사(Bhaddā Kundalakesā), 숙명통에 뛰어난 밧다 까삘라니(Bhaddā- kapilānī) 비구니가 있었다.

이렇게 초기불교 경전에는 정각을 이룬 비구니가 자주 등장하는데, 모두 비구와 똑같은 경지인 아라한과를 성취하였다. 그 단적인 예가 장로와 장로니의 깨달음을 읊은 게송을 모은 경전이다. 빨리 삼장 가운데 소부경전[쿳다카 니까야]에는 『장로게(Theragāthā)』와 『장로니게(Therīgāthā)』가 포함되어 있다. 『장로게』는 비구(264인)의 1279개의 게송이 수록되어 있으며, 『장로니게』에는 비구니(92인)의 522개의 게송이 수록되어 있다.

여인성불의 아킬레스건

부처님 재세시 여성이 출가하는 데, 사회와 교단에서 제약이 있었다.

첫째는 인도 사회 특성상 여성이 출가해 유행遊行하는 일이 쉽지 않았고,

둘째는 여성이 교단에 들어옴으로써 비구들의 수행에 방해 요소가 될 수 있었기 때문이다.

이렇게 인도 사회와 문화의 제재로 인해 남성과 여성이 구별되었던 것이지, 석가모니 부처님의 사상으로 볼 때는 여인성불에 대해 문제가 있을 수 없다. 즉 남자든 여자든 근기의 문제이지, 법과 깨달음 앞에서는 비구·비구니, 우바새·우바이 간에 차별이 있을 수 없다. 하지만 승가가 비구·비구니, 2부대중으로 구성되어 있으나 성 문제에 있어 불합리한 점이 적지 않다. 단적인 예로, 8경계·여인오장설·변성성불론 등을 들 수 있다.

첫째, 비구니만 지켜야 하는 8경계八敬戒이다. ① 100세의 비구니라도 새로 갓 출가한 사미승에게 3배의 예를 갖추고, 자리를 내주어 앉기를 청한다. ② 비구니는 비구를 흉보거나 꾸짖을 수 없다. ③ 비구니는 비구의 죄를 들어 그

허물을 말하지 못한다. ④ 식차마나는 이미 6법을 배웠으므로 대중스님들을 따라 구족계를 받아야 한다. ⑤ 비구니가 승잔죄를 지었을 때는 반드시 보름 안에 비구와 비구니 2부대중이 있는 가운데 참회해야 한다. ⑥ 비구니는 보름 마다 비구대중 가운데 법을 설해 줄 사람을 구해야 한다. ⑦ 비구가 없는 곳에서 비구니는 안거를 하지 못한다. ⑧ 안거를 마치거든 마땅히 비구 대중 가운데 자자●할 비구를 한 분 모셔야 한다.

둘째, 여인은 다섯 부류가 될 수 없다는 여인오장설女人五障說이다. 여인은 제석천·범천·마왕·전륜성왕·부처가 될 수 없다는 설이다. 이 설은 근본분열 이후 성립되어 초기 대승경전에 이르기까지 서술되어 있다.

셋째, 변성성불變性成佛이다. 대승경전에서는 모든 일체 중생이 불성을 갖추고 있다고 하였다. 그러면서도 여인의 몸으로 성불할 수 없으니 남자 몸으로 한번 변신해야 성불할 수 있다는 변성성불이 경전 곳곳에 전한다.

『승만경』에 나타난 여인성불의 현대적 의미

여인성불이란 불교적 관점의 깨달음을 넘어 여인에 대한 존중의식이요, 만인에 대한 평등사상이다. 『승만경』에 담긴 여인성불을 현대적인 시각에 맞춰 정립해 보는 것도 중요하다고 본다.

첫째, 『유마경』이 남성 재가자가 법을 설한 경전이라면, 『승만경』은 여성 재가자가 법을 설한 경전이다. 두 경전 모두 재가자 불교의 대표이다. 대승불교 경전인 『유마경』과 『승만경』은 재가자가 삭발염의削髮染衣로 출가하지 않아도 성불할 수 있다는 대승 사상을 단적으로 드러내고 있다.

둘째, 부처님으로부터 승만 부인이 보광여래가

● 자자自恣 : 여름 안거 마지막 날에 같이 공부하던 승려들이 모여서 계율 어긴 것을 참회하는 것이다. 포살이 스스로 파계한 것을 참회하는 반면 자자는 서로 지적해 줌으로써 참회하도록 이끌어 주는 적극적인 의식이다.

될 것이라는 수기를 받는다. 부처님이 승만 부인에게 성불할 수기를 주었다는 것은 모든 여인이 깨달을 수 있는 불성·여래장을 갖추고 있다는 뜻이다. 곧 여인도 남성과 차별 없이 성불할 수 있다는 것은 평등주의를 표방하는 휴머니즘이라고 볼 수 있다.

셋째, 경전의 설법자가 여성이라는 점은 사회적 약자에 대한 존엄성이라고 할 수 있다. 이 경전의 제목이 『승만사자후일승대방광방편경勝鬘獅子吼一乘大方廣方便經』이다. 사자가 우렁찬 소리를 내어 뭇 동물들을 제압하듯이 부처님께서 설법하면 뭇 악마가 굴복한다 하여 부처님의 설법을 '사자후'라 지칭하는데, 승만의 설법을 사자후에 비유한 것은 많은 사람들에게 감동을 줄 수 있음을 묘사한 것이다. 또한 여성도 남성과 똑같은 설법의 능력자요, 주체적인 존재임을 엿볼 수 있다.

넷째, 여인의 적극적인 본보기이다.

승만 부인이 계율을 지키고 중생을 위해 서원을 세우는 것은 먼저 불교적인 측면에서 존경받을 부분이다. 아울러 인간적인 측면에서도 여성이 수동적인 존재가 아니라 적극적인 존재임을 증명하고 있다.

　근자에도 인도에서는 여자가 결혼 지참금(dowry) 문제로 평균 1시간에 한 명 꼴로 시댁 식구들로부터 죽임을 당한다.● 50년 전에 인도 헌법상 다우리를 폐지했지만, 끊임없이 여성이 수난을 당하고 있다. 사우디아라비아에서는 주민등록증과 같은 개인 신분증을 여자가 갖게 된 것이 2000년 이후이고, 여자는 운전면허증을 소지할 수도 없다. 올림픽에 출전하는 중동의 여자선수들은 히잡을 쓰고 경기에 임한다. 또 여성에게 선거권이 부여된 최초의 나라는 뉴질랜드로 1893년이고, 영국은 1928년, 미국은 노예제 폐지운동이 일어나면서 1920년에 여성선거권이 부여되었다. 여성 선거권이 부여된 지 1세기가 흘렀어도 여자는 사회적으로 진출하는 데 제약이 있다. 그 예가 유리천장(glass ceiling)이다. 회사에서 여성들의 고위직 진출을 가로막는 보이지 않는 장벽을 뜻하는 말이다.●●

　이와 같이 21세기 현 시대에도 여성의 평등과 권익이 사각지대에 놓여 있다. 그런데 1500여 년 전에 결집된 『승만경』에서 여인이 남성과 똑같이 깨달음을 이루고, 만인을 대상으로 설법한다는 점은 남녀평등의 측면에서도 현대사회에 시사하는 바가 크다고 하겠다.

● 『서울신문』, 2010년 7월 27일, '인도 마녀사냥으로 매년 희생자에 충격'

●● 미국의 경제 주간지 『월 스트리트저널』이 1979년 휴렛팩커드의 회사에서 여성 승진의 어려움을 묘사한 기사에서 비롯되었다.

13 『화엄경』

대승불교의 아름다운 서사시

　『화엄경』의 온전한 경명은 『대방광불화엄경大方廣佛華嚴經』이다. 곧 '부처의 화엄이라고 부르는 매우 크고 넓은 경'이라는 뜻이다. 화[꽃]는 세상 우주에 존재하는 자체 그대로인데, 꽃으로 비유하면 잡화雜華이다. 다시 말해 화려한 백합과 장미만이 아름다운 꽃이 아니라 들판의 이름 모를 야생화도 아름다운 꽃으로서, 각자의 존재만으로도 아름답게 꾸미는 불국토 장엄을 말한다. 『화엄경』의 세계관은 무한한 시간 속에서 무한한 공간이 서로 관계하며 끝없이 펼쳐진 장엄세계가 전개된다.

　『화엄경』의 내용은 처음부터 몇 사람에 의해 일관성 있게 구성된 것이 아니다. 여러 사람에 의해 각각 결집된 경전들이 화엄이라는 이름으로 모여진 경이라고 보는 것이 타당하다. 필자는 『화엄경』을 늘 백화점에 비유한다. 문수의 반야·보현의 보살행·수행 차제·선재동자의 구도 정신·(법계)연기설·일심一心·성기性起 사상·발보리심 등 다양한 진리를 설하고 있기 때문이다.

　이 경은 대략 4세기경 서역의 우전국에서 결집되었다. 중국에서는 화엄종 종파가 형성되어 중국적인 사유가 깃든 화엄학이 크게 발전하였다. 부처님의 깨달음 세계를 표현한 내용[『화엄경』]으로 근기가 부족한 사람들은 알아듣지 못했다고 한다. 『화엄경』은 부처님께서 직접 제자들에게 설하는 것이 아니라 보

대승불교의 아름다운 서사시, 『화엄경』

『화엄경』은 부처님의 깨달음 세계와 불교사상, 수행법과
실천보살행을 총체적으로 설한 백화점 같은 방대한 경전.
여러 사람에 의해 각각 결집된 경전들이 '화엄'이라는 이름으로 모여진 경이라고 보는 것이 타당함.

온전한 경명은 『대방광불화엄경大方廣佛華嚴經』으로 '부처의 화엄'이라고 부르는
매우 크고 넓은 경'이라는 뜻임. 화[꽃]는 꽃으로 비유하면 잡화로서 각자의 존재만으로도
아름답게 꾸미는 불국토 장엄을 말함.

『화엄경』의 세계관은 무한한 시간 속에서 무한한 공간이 서로 관계하며
끝없이 펼쳐진 장엄세계가 전개됨.

『화엄경』은 7처 8회, 일곱 장소에서 여덟 번의 법회,
경전 전체의 구조가 신해행증의 긴밀한 구도로 짜여져 있음.

한역 『화엄경』은 서역 우전국에서 발견되었기 때문에 경 내용이 증광되었을 것으로
보기도 함. 418~420년 불타발타라(BUDDHABHADRA : 覺賢이라고도 불림)가 한역한
60권본과 695~699년 실차난타(SIKSANANDA)가 한역한 80권본, 티베트어
번역본이 전해지고 있으며, 산스끄리뜨 원본은 전해지지 않음. 동아시아에서는 중국에서
화엄종을 대성시킨 현수법장이 60권본을 바탕으로 『화엄경탐현기華嚴經探玄記』
를 쓴 이래 60권본이 가장 널리 유포됨.

중국에서는 화엄종 종파가 형성되어 중국적인 사유가 깃든 화엄학이
크게 발전하였으며, 화엄사상은 고대 한국불교의 특징 가운데 하나임.

살들이 제불諸佛을 설하는 내용으로 구성되어 있다.

화엄 사상

: 법계연기法界緣起

'법계法界'란 우주만유를 총칭한다. 곧 우리 눈앞에 펼쳐진 삼라만상 일월성신日月星辰 산하대지 어느 것 하나도 법계 아닌 것이 없다. '연기'는 어떤 실체성이나 고정성을 갖지 않으며, 많은 거울이 서로 비추어 서로가 한없이 서로의 모습을 나타내듯이 중중무진重重無盡하게 관련지어 있다. 모든 사물과 현상이 항상 무수한 것들과 서로 관련지어 있어 전체에 대한 하나로서 존재한다. 어떤 사물, 어떤 존재이든 홀로 존재하는 것은 없다. 서로서로의 시간적·공간적 인과관계 속에 존재하는 법이다. 우주의 삼라만상은 각기 서로 인因이 되고 연緣이 되면서 중중무진한 연기를 하므로 이것을 법계연기라고 한다.

일심一心을 기본으로 하여 이루어지는 법계를 네 가지 방식으로 나눈 것이 4법계이다.

① 사법계事法界는 인연으로 말미암아 있기도 하고 사라지기도 하는 차별의 현상계이다. 즉 우리들 눈앞에 전개되는 사사물물 곧 높은 산, 흐르는 물, 움직이는 사람들, 날아다니는 조류, 헤엄치는 물고기, 축생 등 그들 각자가 자기의 자성을 지키며 서로 섞임이 없이 질서정연하게 조화를 이루는 법계이다.

② 이법계理法界는 우주만유의 본래 평등한 본체계本體界로서 본질적인 측면을 말한다.

③ 이사무애법계理事無碍法界는 차별의 현상[事]과 평등한 본체가 서로 어우러져 있어 떨어질 수 없는 불가분의 관계를 말한다. 상대와 절대, 차별과 평등, 즉 이와 사가 원융무애한 법계이다. 이렇게 이사 관계가 원융무애한 것으로 현

상이 곧 본체요, 본체가 곧 현상인 것이다. 색色이 곧 공空이요, 공이 곧 색이다. 또한 공에 즉한 색이며 색에 즉한 공이다. 따라서 중생이 곧 부처요, 부처가 곧 중생이므로 중생을 떠나서 부처가 존재하는 것이 아니고 부처를 여의고 중생이 있는 것도 아니다. 중생 그 자체가 부처인 것이다. 또한 생사가 곧 열반이요, 열반이 곧 생사이다. 생사를 떠나서 열반이 있을 수 없음이요, 열반을 떠나서 생사가 있을 수 없다. 그러므로 중생과 부처, 번뇌와 보리, 생사와 열반이 서로 대립하는 것이 아닌 중생즉불衆生卽佛, 번뇌즉보리煩惱卽菩提, 생사즉열반生死卽涅槃이다.

④ 사사무애법계事事無碍法界란 이理와 사事가 무애한 것처럼 사와 사가 무애한 것을 말한다. 일체 현상이 다 본체계에 상즉하는 것이라고 한다면 그 현상들 각각이 서로서로 상즉상입하는 것이다. 온 법계가 하나의 큰 그물[인드라망]과 같은 만다라를 이룬다.

『화엄경』에서 "공간적으로는 시방의 모든 국토는 부처의 일모一毛에 들어갈 만큼 충분하다. 그 한 터럭의 구멍 중에 모두 분별하여 일체세계를 알며 일체세계 중에 모두 분별하여 한 터럭의 구멍을 안다. 시간적으로는 한 순간에 일체세계를 아는 경지에 든다."라고 하였다.

무량겁이 바로 일념一念이며, 일념이 곧 무량겁이다. 곧 "일一은 곧 다多이며 다多는 곧 일一"인 일즉일체다즉일一卽一切多卽一, 사사무애법계인 원융사상이다. 하나하나의 사물이 각각 세계의 중심이 되고, 한 사물이 중심이 될 때는 그 이외는 주변이 된다는 상호관계가 성립된다. 사사무애법계란 만물의 하나하나가 서로 세계의 중심이 된다는 주체성 있는 사상으로 볼 수 있다. 『화엄경』에서는 네 번째 사사사무애법계를 중시한다.

모든 인간은 성불되어 있는 존재다

"기이하고 기이하다. '모든 중생들이 여래의 지혜를 갖추고 있으면서도
어리석고 미혹하여 알지 못하고 보지 못하고 있구나.'
내가 마땅히 성인의 진리로써 그 허망한 생각과 집착을 여의게 하고
자기의 몸속에 있는 여래의 광대한 지혜가
부처와 다름이 없다는 것을 가르쳐야 하리라." – 여래출현품

경전 인용에서 본 대로 일체 중생이 여래의 지혜와 덕상을 본래 갖추고 있
는데, 중생들이 잘 알지 못하는 것을 부처님께서 한탄하는 내용이다. 성기性起
란 본유本有인 체體가 중생심에 나타나 있는 것이다. 즉 중생의 마음 가운데 지
금 바로 일어나고 있는[現起] 그대로가 바로 여래의 성기이다. 이는 수행으로 부
처가 되는 것이 아니라 본래 부처를 이루고 있다는 뜻이다. 바로 중생, 한 사람
한 사람에게 여래의 지혜가 깃들어 있어 깨달을 수 있음을 뜻한다. 무엇보다
'중생도 여래와 본질을 같이 한다'는 뜻임을 알아야 한다.

또한 경에서 거대한 삼천대천세계가 하나의 티끌 속에 다 들어간다고 하였
는데, 여래의 지혜가 한 사람 한 사람의 중생들 마음속에 스며들어 있음을 말
한다. 이런 사실을 가지고 부처님께서는 "기이하고 기이하다. 모든 중생이 여래
의 지혜와 덕상을 본래 갖추고 있는데, 중생들은 모르고 있다"고 한 것이다. 즉
진리의 세계는 우주 전체로서 그 우주 가운데 한 사람 한 사람이 들어 있다
는 비유이다. 현실 세계인 사바세계와 법계가 같다면, 현실 세계에 살고 있는
우리들은 법계의 한 구성원이 되는 셈이다. 한 사람 한 사람의 티끌 속에 각각
삼천대천세계와 진리 그 자체인 부처의 법신이 들어 있다.

『화엄경』의 성기사상은 중생이 여래와 본질을 같이하기 때문에 중생 한 사
람 한 사람에게 성불할 가능성이 있음을 보여준다. 이 사상은 대승불교 중기

시대 『여래장경』의 여래장사상으로 전개되었다. 또한 성기사상은 8~10세기에 중국 조사선祖師禪에 큰 영향을 미쳤다.

일심一心, 마음은 화가와 같아서 모든 세간을 그려낸다

"청정한 마음이어야 부처를 본다." – 「도솔천궁게찬품」

"3계三界는 다만 탐심貪心으로 좇아 일어나나니,
12인연이 오직 일심 가운데 있는 줄 알아야 한다[三界唯心].
이와 같이 생사도 또한 우리의 마음에서 만든 것이니[萬法唯識],
그 마음을 멸한다면 생사조차 있을 수 없다." – 「십지품」

"마음은 화가와 같아서 모든 세간을 그려낸다.
5온이 마음을 따라 생겨난 것이니,
이 세상 모든 것들은 이렇게 만들어지지 않은 것이 없다.
마음과 같이 부처도 또한 그러하고, 부처와 같이 중생도 또한 그러하다.
마음과 부처·중생 이 셋은 차별이 없다[心佛及衆生 是三無差別]." – 「야마천궁게찬품」

"만약 사람이 과거·현재·미래 3세의 부처를 알고자 한다면,
반드시 법계의 성품을 관하라. 오직 이 마음이 모든 것을 만든다."

– 「야마천궁게찬품」

우리들의 경험은 모두 인식을 통해 성립하며, 인식과 경험은 일심으로 귀착된다. 일심은 대승경전에서 자성청정심이나 본성청정심의 의미이다. 중생이 청정한 자성을 갖고 있으므로 중생이 보리심을 일으켜 정각을 이룬다고 해서 초

발심시변성정각初發心時便成正覺이라고 한다.

욕계·색계·무색계 3계도 자신의 마음으로 바깥에 투영되어진 세계이다. 실재하는 세계는 아니다. 그래서 3계가 허망한 것이며, 그 허망한 세계는 마음이 만들었기 때문에 12인연 모두가 마음에 의존해 있다[三界虛妄 但是心作 十二緣分 是皆依心]. 12인연의 생生과 노사老死도 마음에서 떠오른 생이며, 마음에서 지어낸 노사이다. 이처럼 12인연의 요소 모두가 마음이 지어낸 것이다.

부처가 곧 중생이며 중생이 바로 부처이다. 그런데 부처와 중생이 똑같다고 한다면, 그들에게 공통분모가 있어야 할 것이다. 곧 부처와 중생에게 '마음'이라는 공통분모가 있기 때문에 마음과 부처와 중생은 차별이 없는 것이다. 곧 마음=부처=중생임을 드러낸 것이다. 또 과거·현재·미래 3세의 부처를 알고자 한다면, 마음이 모든 여래[3세諸佛]를 만드는 것임을 여실하게 관觀할 것을 강조하고 있다.

마음에 깨달음을 두고 있는 부처님의 가르침은 연기의 진리이다. 마음은 법에 따라서 업이 생기기도 하고 사라지기도 하는 연기의 당체이다. 즉 항상 불변하는 실체도 아니며 인연 없이 생겨나는 그 (어떤) 것도 아니다. 본래성에 있어서 공이며, 서로 다른 것들과 의지해 연기하는 것이 바로 마음이다. 인연이 합하면 존재하고, 인연이 흩어지면 사라지는 것이다. 그러므로 일심은 연기를 그 내용으로 하는데, 바로 이것이 법계연기法界緣起이다.

불교는 실천[行]의 종교이다

문수 보살이 진수 보살에게 물었다.
"보살님, 부처님의 가르침은 하나인데, 가르침을 들은 중생들은 왜 똑같이 번뇌를 끊지 못하는 것입니까?"
그때 진수 보살이 대답하였다.

"어떤 중생이든 빨리 깨닫는 자가 있는가 하면, 깨달음이 더딘 사람도 있습니다. 만약 번뇌를 제거해 해탈코자 한다면, 마음을 굳게 먹고 늘 정진하는 자세를 가져야 합니다."

문수 보살이 법수法首 보살에게 물었다.

"보살님, 불법을 듣는 것만으로는 번뇌를 끊을 수 없습니다. 불법을 들어도 여전히 탐욕을 일으키고, 성내는 마음을 내며 어리석은 생각을 갖고 있습니다. 왜 듣는 것만으로 탐·진·치 3독이 제거되지 못하는 것일까요?"

그때 법수 보살이 대답하였다.

"문수 보살님, 다만 듣는 것만으로는 불법을 알 수 없기 때문입니다. 아무리 맛있는 음식이 많이 있어도 입으로 먹지 않으면 굶어 죽는 것과 같고, 온갖 약을 알고 있는 훌륭한 의사일지라도 자신의 병은 고치지 못하는 것처럼, 진리는 절대 듣는 것만으로 공부가 되는 것이 아닙니다. 또 가난한 사람이 밤낮으로 남의 돈과 보물을 헤아려도 자신에게 한푼도 없는 것과 같고, 맹인에게 멋있는 그림을 보여주어도 맹인이 보지 못하는 것과 같으며, 물속에 떠다니면서도 물을 마시지 못하고 목말라 죽는 사람처럼, 불법은 들어서 이해하는 것만이 아니라 스스로의 실천이 필요합니다."

– 제6 「보살명난품」

불교의 신행 체계는 신信·해解·행行·증證의 구조로 이루어져 있다. 즉 따뜻한 가슴으로 부처님을 믿고[信], 냉철한 머리로 불교의 진리를 이해[解]하고 깨달은 뒤, 온 몸과 정신을 기울여 실천[行]하면, 진정한 깨달음인 보리[證]를 증득한다. 『화엄경』은 7처處 8회會로서 경전 전체의 구조가 신해행증의 긴밀한 구도로 짜여져 있다. 믿음에 대해 『화엄경』에서 이렇게 말하고 있다.

"믿음은 도의 근원이요, 공덕의 어머니이다.

그러므로 믿음은 일체의 선법善法을 증장시키고, 일체 의혹을 제거하여,

최상의 도를 드러내고, 불도를 열어준다.

믿음은 온갖 집착을 버리고, 깊은 법을 알게 하며,

점차 수승한 선을 행하게 하는 원동력으로서

마침내 부처님 계신 곳에 이르게 한다.

… 신심은 썩지 않는 공덕의 종자이며, 보리수를 성장케 하고,

수승한 지혜를 증장케 하며, 수많은 부처님을 친견하게 한다."

곧 믿음을 건물에 비유하면, 지하를 파서 건물의 기초공사를 다지는 것에 비견될 수 있다. 두 번째 진리에 대한 이해[解]는 지혜를 얻는 방법에 해당한다. 세 번째 행은 실천적 수행으로 건물의 대들보요, 기둥에 비유될 수 있다. 무엇보다도 불교 진리는 실천을 통해서 완성되므로, 행은 가장 중요한 변수이다. 부처님도 열반할 때, 제자들에게 "이 세상에 존재하는 모든 것은 변하게 되어 있다. 게으름 피우지 말고 열심히 정진하여 꼭 수행을 완성토록 하여라"라고 말씀하셨다. 중국의 본환(1907~2012) 스님도 불자들에게 이렇게 말했다. "부처님께서 설한 모든 가르침에는 '행' 자로 모아질 수 있습니다. 범부로부터 성인에 이르는 것도 행이요, 성인으로부터 부처가 되는 것도 행입니다. 행이 없다면, 어떤 것도 이룰 수 없습니다."

불교는 깨달음의 종교이다. 불교라는 종교는 깨달음을 설명하고 깨달음의 길을 제시해 주는 이론 원리인 이理와 깨달음을 향해 실천하는 사事가 겸비되어야 한다. 이렇게 화엄에서 이사원융의 합일은 수행과 깨달음의 체계로 이루어져 있다.

불자는 일상의 삶속에서 어떤 마음가짐이어야 하는가?

지수 보살이 문수 보살에게 물었다.

"문수 보살님, 보살이 어떻게 수행해야 신身·구口·의意 3업三業을 청정하게 할 수 있습니까?"

문수 보살이 지수 보살에게 말했다.

"보살님, 수행자가 청정하여 대상 경계에 영향을 받지 않고, 3업을 청정하게 하면 보살은 뛰어난 공덕을 성취할 수 있습니다. 즉 보살은 어떤 경계에서든 이런 서원을 세워야 합니다. … 높은 지대에 올라갈 때는 '불법의 높은 곳에 오르는 것'이라고 생각하며, 타인에게 보시할 때는 집착심을 버리고 청정한 마음으로 보시해야 합니다. 법회에 참석할 때는 깨달음을 성취하고자 노력해야 하며, 마치 부처님 회상에 있는 것처럼 마음을 경건하게 가져야 합니다. … 손에 칫솔을 들 때는 '마음에 부처님의 가르침을 얻었으니, 청정하게 될 수 있다'는 마음을 가져야 합니다. 대소변을 볼 때는 '모든 더러움을 제거하고, 탐·진·치 3독을 버리는 것'이라고 생각해야 합니다.

물로 손을 씻을 때는 '깨끗한 손으로 부처님의 가르침을 받들어야지'라는 생각을 품어야 하고, 말을 할 때는 청정한 가르침을 향해 해탈을 완성하는 방향으로 전진하기를 바라며, 길을 갈 때는 청정한 진리 세계로 나아가 번뇌를 없애는 것이라고 생각해야 합니다.

올라가는 길을 볼 때는 '드높은 경지에 올라 3계를 초월해야겠다'라는 마음을 가져야 하고, 내려가는 길을 볼 때는 '진리의 매우 깊숙한 곳까지 이르러야겠다'라는 마음을 지녀야 합니다. 험한 길을 보면, '악도惡道를 버리고 사견邪見을 갖지 않아야겠다'라는 마음을 지녀야 하며, 바른 길을 볼 때는 마음을 정직하게 하고 거짓됨이 없는 청정심을 갖도록 서원을 세워야 합니다.

커다란 나무를 볼 때는 경쟁심·분노·원한을 버리고 화합하는 마음을 갖도록 노력해야 하며, 높은 산을 볼 때는 '최상의 진리를 지향해 불법의 근원을 찾아야겠다'라고 굳게 다짐해야 합니다. 가시밭길을 볼 때는 탐·진·치 3독의 가시를 빼내어 상처 입은 마음을 갖지 않으며, 부드러운 과일을 볼 때는 '정도正道를 닦아 최고의 결과[열매]를 이루어야겠다'는 서원을 세워야 합니다. …

골짜기에 흐르는 물을 볼 때는 먼지와 때를 씻어 청정한 마음을 갖고, 다리를 볼 때는 불법의 다리를 만들어 '중생들을 깨달음의 저 언덕[彼岸]으로 건너가게 해야겠다'는 서원을 세워야 합니다. 즐거운 사람을 볼 때는 청정한 가르침 얻기를 발원하고, 부처님의 가르침에 따라 환희심 갖는 서원을 세워야 합니다. 건강한 사람을 볼 때는 금강 같은 법신法身에 이르고, 병든 사람을 볼 때는 몸이 본래 공空한 것임을 깨닫고 괴로움에서 해탈하는 서원을 세워야 합니다." – 제 7 「정행품淨行品」

한 미국인 불자가 숭산 스님을 회상하며, 앞의 『화엄경』 구절과 비슷한 말을 하였다. 스님께서는 미국 제자들에게 "비행기를 탈 때는 높은 해탈에 오른다는 마음가짐을 가져야 하며, 세탁소에서 옷을 세탁할 때는 번뇌를 세탁하는 마음이어야 하고, 목욕을 할 때도 고뇌를 씻어내는 것처럼 해야 한다"며 어떤 일이나 경계, 어떤 상황에서든 그에 맞는 법문을 해 주셨다고 한다.

『유마경』에서 "4위의四威儀가 도량이며 신·구·의 3업이 불사佛事"라고 하였고, 또 "제불의 어떤 행위이든 불사 아님이 없다[諸佛威儀進止 諸所施爲 無非佛事]"라고 하셨다. 깨달은 사람은 어떤 행위를 하든 불사 아님이 없다는 뜻이다. 하지만 깨달은 부처가 아닌 번뇌로 헤매는 인간일지라도 순간 순간 그 어떤 대상경계를 만나든 어떤 현실에서든 마음 닦는 방편으로 환경을 바라보고 수용하는[배우는] 자세가 중요하다. 이렇게 인간다운 길을 제시하는 종교가 어디 있겠는가?! 이래서 불교는 신의 종교가 아닌 인간을 위한 인간의 종교이다.

선재동자의 구도 여정

선재동자가 문수보살에게 이렇게 청했다.
"원컨대 제게 해탈문을 열어 주시고, 전도된 꿈을 멀리 여의게 해 주소서."
문수보살이 선재동자의 견고부동한 신심을 보고 말했다.
"보리심을 발해서 선지식을 구하고, 보현의 행원을 갖추어라."
문수보살은 선재동자에게 지혜를 구하기 위해서는 보리심을 내어 선지식을 찾아다니며 가르침을 받아 수행을 완성해 보라고 권유하였다. 그리하여 동자는 문수보살의 가르침대로 첫 번째 선지식인 덕운 비구를 비롯해 보현보살에 이르기까지 모두 53선지식을 만나 해탈법문을 듣게 된다.

– 입법계품

선재동자의 구법求法 - 「입법계품入法界品」

선재동자는 문수보살 법문을 듣고, 해탈의 길인 보살도 걷기를 서원함.
선재동자가 문수보살에게 법을 청하자, 문수보살이 "보리심을 내어 선지식을 구하고, 보현의 행원을 갖추라."고 답해줌.

문수보살에서 시작되어 보현보살로 끝나는 「입법계품」은 불교의 잔수眞髓임.

선재가 만난 비구에서 유녀에 이르는 53선지식

비구 5명 : 덕운·해운·선주·해당·선견 / 동자 3명 : 자재주·선지중예·덕생
동자의 선생 1명 : 변우동자의 스승 / 의사 1명 : 미가 / 천신 1명 : 대천
장자 8명 : 해탈·법보계·보안·육향·무상승·견고해탈·묘월·무승군
거사 2명 : 명지·비슬지라 / 바라문 2명 : 승열·최적정
외도 1명 : 변행 / 선인仙人 1명 : 비목구사
뱃사공 1명 : 바시라 / 왕 2명 : 무염족·대광
비구니 1명 : 사자빈신 / 동녀 2명 : 자행·유덕
여신 10명 : 안주·바산바면저·보덕정광·희목관찰·보구중생묘덕·적정음해·수호일체·개부수화·대원정진력구호·묘덕원만림
우바이 4명 : 휴사·구족·부동·현승 / 천녀 1명 : 천주광 / 유녀 1명 : 바수밀다
태자모 1명 : 마야부인 / 태자비 1명 : 구바녀
보살 5명 : 문수·관자재·정취·마륵·보현보살

다섯 보살을 제외하고, 남자가 28명, 여자가 21명으로 성비율이 비슷함.
또한 대승 경전답게 선지식으로 출가 비구승만이 아닌 비구니·여성·재가자·외도를 대승의 측면에서 아우르고 있음.

『화엄경』은 80권본·60권본·40권본이 있는데, 40권 『화엄경』은 바로 「입법계품」 전체를 말한다. 문수보살로 부터 시작하여 보현보살로 끝나는 「입법계품」은 문수의 지혜와 보현의 행을 상징하는 불교의 진수라고 할 수 있다. 선재는 동자童子라고 하지만, 보리심을 일으킨 이상적인 보살의 표상이다. 선재가 만난 선지식은 계층이 매우 다양하다. 불가의 스승만이 아닌 일반인들과 외도·여성도 포함되어 있다. 곧 의사·거사·장자·외도·뱃사공·바라문 등 재가자 신분이 많다. 또한 비구니·동녀·여신·유녀·우바이·태자모·태자비 등 여인들이 다수 등장한다. 53선지식 중 보살을 제외하고, 남녀 성비율이 비슷하다.

"각자 그 사람만이 갖고 있는 아름다움을 볼 줄 알아야 한다[隨人觀美]"는 말이 있다. 누구나 그 사람만 갖고 있는 재능[능력]이 있기 마련이다. 이런 마음가짐이라면 모든 사람을 선지식으로 섬길 수 있다. 「입법계품」의 주인공 선재동자가 만난 53선지식은 어느 위치에서건 그 나름의 노하우를 갖고 있으며 자기 분야에 정통한 인물들이다. 이 세상의 모든 존재는 제 나름대로 가치를 갖고 있으며, 자기만의 독특한 방법으로 살아간다. 무유정법無有定法이라고 하지 않던가? 누가 옳게 살고 누가 그르게 살고 있는가? 자신의 마음이 열려 있어야 상대방이나 세상으로부터 배울 것이 많은 법이다.

또한 배우려는 자세만 있으면 어느 곳에서나 배울 수 있다. 당나라 때 반산보적 선사는 시골 장터에서 상인들의 장사하는 소리를 듣고 깨달음을 얻었다. 조용한 산속에서만이 아니라 시끄러운 시장에도 도가 살아 있다. 인간 냄새 풍기는 삶의 터전에 도가 있는 것이다.

14 『법화경』

'중생이 곧 부처'를 선언함으로써
중생에게 자존감을 높여 주다

『법화경』은 대승불교 초기 경전에 속한다. 『법화경』의 완전한 이름은 『묘법연화경妙法蓮華經』으로 '연꽃처럼 심심미묘甚深微妙한 가르침'이라는 뜻이다. 『법화경』은 수나라 때, 천태지의(538~597)가 적문迹門[1품~14품]과 본문本門[15품~28품]으로 나누었는데, 후대에도 천태의 이론을 정설로 받아들이고 있다. 「여래수량품」을 중심으로 하는 본문의 '본本'이란 세존께서 이미 오래 전에 성불했다고 하여 본체本體인 부처를 가리킨다. 그 본불本佛이 설한 법이므로 본문이라고 한다. 「방편품」을 중심으로 하는 적문의 '적迹'은 본문을 설한 부처님이 중생을 제도하기 위해 그 본지에서 이 세상에 오시어 석가모니라는 역사적인 인물로 출현한 흔적의 부처라는 뜻을 담고 있어 적문이라고 한다.

『법화경』의 특징은 매우 다양하다.

첫째, 일곱 가지 비유[法華七喩]가 서술되어 있다. 7유는 중생을 제도하기 위한 방편을 이야기식으로 서술하였다.

둘째, 다른 대승경전에 비해 부처님에 대한 숭배가 드러나 있다. 또한 「여래수량품」에 언제나 영취산에 머물고 있는 구원실성久遠實成의 영원한 부처님에 관한 내용이 있다. 오래 전에 깨달은 뒤 영원한 부처로 머물고 있지만, 중생을 제도하기 위해 방편으로 열반을 보인 것이다. 이런 점 때문에 고대로부터 현대

'중생이 곧 부처'를 선언함으로써 중생의 자존감을 높여준 『법화경』

대승불교 초기 경전에 속하는 『법화경』은 대승경전 중의 꽃, 대승경전의 왕이라 칭함. 원 제목은 삿다르마 뿐다리카 수뜨라(SADDHARMA PUNDARIKA SUTRA)』, 406년 구마라집이 한역한 『묘법연화경(연꽃처럼 심심미묘한 가르침)』이 동북아시아에 가장 널리 유통됨.

수나라 때, 천태지의가 적문[1품~14품]과 본문[15품~28품]으로 나누었는데, 후대에도 천태의 이론을 정설로 받아들이고 있음.

「여래수량품」을 중심으로 하는 본문은 본불本佛이 설한 법이어서 본문이라 함. 「방편품」을 중심으로 하는 적문은 본문을 설한 부처님이 중생을 제도하기 위해 석가모니라는 역사적인 인물이 출현해 설한 법이라는 뜻을 담고 있어 적문이라 함.

『법화경』의 특징
첫째, 중생을 제도하기 위한 방편으로 서술한 일곱 가지 비유[法華七喩]
둘째, 구원실성久遠實成의 영원한 부처님에 대한 신앙적인 측면의 숭배 사상 발달.
셋째, 일승一乘 사상의 포용성. 즉 부처님이 성문승 및 여인, 어린이, 악인인 데바닷다에게도 수기를 줌. 상불경常不輕 보살이 모든 이들에게 존경심으로 예배, 작은 공덕으로도 성불할 수 있다는 점 등.
넷째, 제법실상諸法實相·순일무잡純一無雜·용녀 순간 성불[頓悟] 등의 내용이 중국 선사상禪思想 발달에 영향을 미침.
다섯째, 『법화경』을 소의경전으로 하는 종파가 중국·한국·일본에 형성됨.

에 이르기까지 신앙적인 측면에서 『법화경』을 숭배하는 이들이 많다.

셋째, 다른 대승경전에 비해 『법화경』 사상은 포용적이다[⇨一乘]. 즉 부처님이 성문승 및 여인에게도 수기를 주는 것, 악인인 데바닷다와 여덟 살 먹은 여자아이가 성불한 것, 상불경常不輕 보살의 중생 애민 사상, 작은 공덕으로도 성불할 수 있다는 점 등이다.

넷째, 제법실상諸法實相이 서술되고 있는데, 이 점은 선사들이 깨달은 세계를 표현하는 것과 같은 이치이다.

다섯째, 『법화경』을 소의 경전으로 하는 종파가 중국·한국·일본에 형성되어 있다.

바로 그대가 부처님이다

위음왕불 시대, 상불경常不輕 비구가 있었다. 상불경보살이라고도 한다. 이 상불경 비구는 비구든 비구니든 우바새든 우바이든 지위 고하를 막론하고, 누구에게나 예를 올리고 찬탄하면서 말했다.

"저는 당신을 가벼이 여기지 않습니다. 당신을 존경합니다. 왜냐하면 당신은 보살도를 닦아 반드시 부처님처럼 성자[成佛]가 되실 분이기 때문입니다." 이렇게 상불경 비구는 경전을 읽지도 외우지도 아니하며, 오로지 사람들에게 예배만 하였다. 일부 어떤 사람은 상불경 비구의 이런 행동을 보면서 화를 내거나 경멸하였다.

"이 어리석은 무지한 비구야, 감히 너 따위가 우리에게 성불한다고 수기를 주느냐?, 우리는 그런 허망한 수기를 받지 않는다."

그런데도 상불경 비구는 욕설과 비방에도 불구하고, '당신들은 마땅히 성불하시어 부처님이 되실 분입니다'라고 하며 사람들을 예배 공경하였다.

－「상불경보살품常不輕菩薩品」

불교에서는 '사람이 부처님이다'라고 한다. 사람을 사랑하고, 연민히 여기는 행위 자체를 부처님께 공양 올리는 것이나 다름없다고 본다. 누구나 청정한 자성, 곧 불성을 구족하고 있기 때문에 성불할 수 있는 것이다. 즉 천하의 못된 악인을 포함해 축생까지도 모든 존재가 성불의 가능성을 지닌 소중한 존재라고 여긴다. 설령 학식을 갖추지 못하고, 지능이 조금 부족한 사람일지라도 부처가 될 수 있는 귀중한 존재인 것이다. 바로 이런 점이야말로 불교의 근본정신이요, 현대적으로 표현해 인권존중이라고 할 수 있다.

부처가 되는 길, 일불승一佛乘

"모든 부처님은 방편의 힘으로 일불승에서 삼승●을 설한 것이다."
"시방불토 중에는 오직 일승법만 있을 뿐이요, 이승도 없고 삼승도 없다."
"부처님이 방편력으로 삼승의 교법을 가르치는 것이니,
중생이 간 데마다 집착하기 때문에 이끌어서
나오도록 한 것이다."
"모든 부처님의 진리는 허망하지 않나니 다른
법은 없고, 오직 일불승뿐이다." –「방편품」

위의 내용은 모두 「방편품」에 전하는 내용이다. 성문·연각·보살의 길이 있지만, 이는 모두 방편의 길이요, 최고의 길은 일불승이다. 그래서 삼승방편三乘方便 일승진실一乘眞實이라고 한다. 곧 깨달음의 길이 여러 갈래이지만, 목표인 부처가 되는 것이 바로 일불승[=大乘]이다. 누구나 성불할 수 있는 근기를 가지고 있기 때문에 일승이다. 『법화경』의

● 성문승聲聞乘은 부처님의 (4성제) 가르침을 듣고 공부하고, 연각승緣覺乘은 스승 없이 홀로 깨닫는 가르침으로 12인연법을 관하거나 다른 인연에 의해 깨닫는 것이고, 보살승菩薩乘은 '상구보리 하화중생'의 보리심을 내어서 6바라밀을 실천하는 것이다. 앞의 성문과 연각은 소승에 속하고, 보살은 대승에 속한다. 3승은 불교의 전체를 총괄하지만 불교의 가르침이 3종으로 구분되는 것이 아니라 당시의 실천 형태를 3종으로 분류하였다고 보는 것이 타당하다고 본다.

일승은 '유일한'이거나 '수승한'의 의미가 아니라 통일적인 화쟁의 의미가 담겨 있다. 『유마경』에서는 성문·연각 수행이 잘못된 것이라며 비판하고, 이들의 작불作佛을 부정하지만, 『법화경』은 대승적인 차원에서 성문과 연각을 방편적인 입장에서 포용하고 긍정하는 측면이다. 『법화경』은 일불승만을 지향하지만, 중생의 근기에 맞춰 방편을 시설하고, 모두 일불승을 향한 방편으로 여긴다는 점이다. 삼승방편 일승진실을 『법화경』에서 '3계화택'에 비유하였다. 3계화택의 비유를 간단히 소개하면 이러하다.

어느 장자가 있었는데, 그 장자의 저택은 매우 거대했지만, 대문은 오직 하나뿐이었다. 어느 날 저택에 불이 났는데, 장자는 무사히 빠져 나왔다. 장자는 밖에 나와서야 아이들이 없는 것을 알고, 불이 나는 집안을 향해 소리쳤다. "지금 집이 불타고 있으니 빨리 집 밖으로 나와라." 몇 번이고 반복해 말해도 아이들이 나오지 않았다. 장자는 꾀를 써서 "얘들아, 대문 밖에 너희들이 좋아하는 양거羊車·녹거鹿車·우거牛車 장난감이 있으니, 어서 빨리 나오거라." 이 소리를 듣고, 아이들이 뛰쳐나왔다. 아이들이 나와서는 아버지에게 장난감을 달라고 하자, 장자는 양거·녹거·우거보다 더 좋은 백우거[大車]를 주었다.

여기서 양거는 성문, 녹거는 연각, 우거는 보살, 백우거는 일불승一佛乘을 비유한다. 부처님께서는 모든 중생이 설령 낮은 근기의 법을 찾을지라도 이 또한 부처가 되는 최고의 길[일불승]을 제시하고 있음을 뜻한다.

또한 「화성유품」에 보소화성寶所化城 비유가 있다. 이 비유는 길잡이가 사람들을 인도해 보물을 구하러 먼 길을 떠난다. 가는 도중 사람들이 지쳐서 다시 집으로 되돌아가려고 하자, 길잡이가 신통력으로 성을 지어서 사람들에게 그곳에서 '쉬어가자'고 한다. 사람들이 화성에 들어가 지친 몸을 쉬고 마음이 안

정되자, 그들을 다시 격려해서 길을 떠난다. 여기서도 길잡이는 부처님이고, 사람들은 나약한 중생들에 비유하며, 화성은 성문과 연각의 길을 말한다. 사람들이 지친 몸을 쉬고, 다시 길을 떠나도록 격려하는 것은 일불승의 길을 안내해 주는 것을 의미한다.

서원에 담긴 부처의 자비

"반드시 이렇게 알아야 한다.
내가 본래 세운 서원은 일체중생들로 하여금
'나와 다름없이 평등하다[如我等無異]'는 것이다.
내가 세운 옛날의 서원을 오늘 이미 만족하여
모든 중생들을 교화하여 불도에 들게 하기 위함이다." - 「방편품」

"모든 법의 실상實相은 본래부터 적멸寂滅한 상相이다.
불자가 이와 같이 도를 행한다면 내세에 반드시 부처를 이루리라." - 「방편품」

"부처님은 오직 일대사인연一大事因緣으로 이 세상에 출현하셨다.
부처님께서 불지견佛知見을 열어서[開] 중생들을 청정케 하기 위해 세상에 출현하셨으며,
중생들에게 불지견을 보여 주기[示] 위해 세상에 출현하였다.●
또한 불지견을 깨닫도록[悟] 하기 위해 세상에 출현하였으며,
중생들로 하여금 불지견의 길에 들게[入] 하기 위해 세상에 출현하였다." - 「방편품」

● 불지견이란 제법실상諸法實相의 이치를 깨닫고 비추어 보는 부처님의 지혜이다. 곧 제법실상이란 일체 모든 존재의 있는 그대로의 모습, 진실한 상태라는 뜻이다.

"내가 이제까지 수행한 공덕이 모든 중생들에게 두루 미치어,
나와 모든 중생들이 다 함께 성불하기를 원한다." - 「화성유품」

부처님은 중생들이 부처와 똑같은 성품을 가진 존재임을 알게 하는 것을 서원誓願으로 삼았다. 바로 이 점이 부처님께서 세상에 출현하신 이유라고 하는 '일대사인연一大事因緣'이다. 서원은 대승불교의 보살이 자신의 수행을 완성하면서 중생구제에 대한 염원이 담겨 있는 것을 말한다. 무엇보다도 서원 사상에는 모든 중생이 자신과 똑같이 귀중한 존재이므로 행복하기를 바라는 마음이다. 네 번째 경전 인용은 자신의 공덕을 타인들에게 돌린다는 회향 사상이다.

『법화경』과 관련된 책에는 대체로 신행적인 입장에서만 『법화경』 사상을 언급한다. 그러나 『법화경』의 수기授記나 불자佛子라는 용어에는 "누구나 깨달을 수 있는 불성을 가지고 있다"는 점이 내포되어 있다. 『법화경』에 불성이라는 단어는 등장하지 않지만, 불종佛種이라는 용어가 나오며, 또 「방편품」에 "제법諸法의 본성本性은 항상 청정하다(「방편품」, 102게)"라고 표현되어 있기 때문이다.

수기授記 의식과 불자佛子

사리불은 예전에도 '보살들은 수기를 받아 성불할 것'이라는 말을 들었다. 또 다시 사리불은 '모든 이가 부처님의 가르침을 들으면 한 사람도 성불하지 않는 자가 없을 것'이라는 말을 듣고, 자신들(성문승)도 수기를 받아 성불할 수 있을 거라는 희망을 품고 기뻐하면서 말했다.
"모든 의혹이 사라지고, 몸과 마음이 태연하여 편안함을 얻었으니, 오늘에서야 참으로 부처님의 아들로서 부처님의 입으로 태어났으며● 법으로부터 화생하여 불법의 분分을 얻을 수 있다는 것을 알았습니다."
사리불이 '부처님의 아들'이라는 확신을 하고 환희심에 차 있을 때, 부처

님께서 사리불에게 미래세에 성불할 것을 수기하며, 말씀하셨다.

"사리불이여, 너는 오는 세상에 한량없고 그지없는 부사의한 겁을 지나면서 수많은 천만억 부처님께 공양하고 바른 법을 받아 지니며 보살의 행하는 바를 구족하여 마땅히 성불하리니 이름은 화광여래가 될 것이다."

사리불이 부처님의 수기에 환희심을 내어 부처님을 찬탄하자, 또 부처님께서 이런 말씀을 하셨다.

"사리불이여! 여래도 이와 같아서 일체 세간의 아버지로서 … 중생들을 이롭게 한다. … 나는 중생의 아버지이니, 마땅히 중생을 고통에서 건져내고 한량없는 부처님의 지혜를 주어서 중생들로 하여금 공덕을 얻도록 한다." – 「비유품」

경전의 서술 방식이나 내용 형식을 12가지로 분류한 것을 12분교十二分敎라고 한다. 이 가운데 기별記別(Vyākaraṇa)이 있다. 기별은 서로 묻고 대답하는 가운데 법의 진리를 알아가는 것인데, 후대에 부처님께서 제자에게 장차 부처가 될 것이라는 수기授記로 변화되었다. 수기 이야기는 초기불교 경전이나 율장에 종종 등장하는데, 미래세에 모두 성불할 것이라는 예언을 말한다.

석가모니 부처님도 과거세에 연등불로부터 받은 수기가 있다. 석가모니 부처님이 과거세에 바라문 청년이었는데, 연등불을 보고 보리심을 내어 다섯 송이의 꽃을 뿌리고 머리카락으로 진흙을 덮으면서 부처가 될 것을 서원하였다. 이에 연등불이 석존에게 '미래세에 석가모니라는 부처가 될 것'이라는 수기를 준 것이다. 『법화경』에서 수기설은 성문승을 비롯해 모든 일체중생이 미래세에 성불할 것으로 확대되어 있다.

● 인도 고대 종교 브라만교의 경전인 『베다』에 근거한 것으로, 카스트(四姓, caste)제도에 입각해 설해진 것이다. 즉 바라문은 입에서 태어나고, 크샤트리아(왕족)는 옆구리에서 태어나며, 바이샤(평민)는 자궁에서 태어나고, 수드라(하층)는 발바닥에서 태어난다는 뜻이다. '부처님의 입으로 태어난다'는 말은 고귀한 존재라는 뜻이다. 부처님의 말씀으로 새롭게 태어난 것을 상징하기도 한다.

한편 「제바달다품」에서는 불교에서 악인으로 여기는 제바달다(데바닷다)와 8살 먹은 용녀龍女가 미래세에 반드시 부처가 된다는 수기를 한다. 여기서 주목해야 할 점은 용녀가 여인이기도 하지만, 축생으로서 축생에 대한 존중 사상이 내포되어 있다는 점이다. 그리고 「권지품」에서는 최초의 비구니인 마하파자파티와 야쇼다라 등 비구니 권속들에게도 미래에 부처가 될 수 있다고 수기하였다[이렇게 여성을 존중하는 사상은 앞 145쪽 『승만경』에서도 거론함]. 마치 아버지가 아들에게 모든 재산을 상속하듯이 부처님은 중생들에게 성불할 수 있다는 수기를 한다. '아들[佛子]'이라는 호칭으로 경이 서술되고 있는 점은 부처님의 중생을 향한 연민심보다는 부처가 될 수 있는 성품(청정한 본성)을 똑같이 가지고 있다고 하는 혈연적인 친근감으로 다가선다.

작은 신심만으로도 불도를 성취한다

아이들이 장난으로 모래를 쌓아 불탑을 만들거나 혹 장난으로 나뭇가지·붓·손가락·손톱을 사용하여 불상을 그릴지라도 이 아이들은 모두 공덕을 쌓고, 불도를 성취할 것이다. 혹 어떤 사람이 부처님을 위하여 여러 형상을 만들고 많은 불상을 조각하더라도 이 사람들 역시 불도를 이룬다. 불상을 조성하거나 옷감에 탱화를 장식해 그린다면 이 사람들도 마찬가지로 불도를 성취한다. 혹 어떤 사람이 산란한 마음으로 단 한 송이 꽃을 부처님 전에 공양 올렸다면, 이 사람은 수많은 부처님을 친견한 것과 같은 것이다. 만약 누군가 산란한 마음으로 부처님 탑묘에 들어가 한 번이라도 '나무불' 하고 부른다면, 이 사람은 이미 불도를 성취한 것이다. – 「방편품」

"모든 여래들이 한량없는 방편으로 중생들을 제도하여 무루지無漏智에 들게 하므로 부처님의 가르침을 들으면 한 사람도 성불하지 않는 자가 없을 것이다. 이것은 모든 부처님들의 근본 서원으로서, 친히 닦은 불도를 널리 중생들로 하여금 닦게 하여 부처님이 얻은 것과 똑같은 도를 얻게 하는 것이다." – 「방편품」

"일체 중생이 모두 성불할 수 있다[一切皆成佛]." – 「비유품」

"너희들이 행한 것은 바로 보살도이다.
점차 수행하고 닦으면 반드시 모두 성불할 것이다." – 「약초유품」

"불도를 구하는 자가 이 경전의 일게一偈 일구一句를 듣거나
한 생각만이라도 기뻐하는 사람에게는 내 모두 수기를 하리라.
마땅히 아뇩다라삼먁삼보리를 얻으리라." – 「법사품」

　믿음은 불도 수행의 원천이며, 수행하는 동기를 불러일으키는 근원이다. 불교의 실천 수행방법은 신信·해解·행行·증證의 과정이다. 가장 먼저 믿음이 등장할 정도로 어떤 수행을 하더라도 믿음은 주춧돌과 같은 기본이다. 『법화경』에서는 단순하게 부처님에 대한 예경만으로도 불도를 성취한다고 했지만, 순수하고 절실한 마음을 기본 바탕으로 하고 있다고 본다.

깨달음은 현 존재의 실상 그대로를 표현한다

"부처는 한량없고 무한한 최상승의 법을 모두 성취했다.
부처님께서 성취하신 것은 희유하며 이해하기 어려워
오직 부처님만이 모든 존재의
있는 그대로의 모습[諸法實相]을 알기 때문이다.

즉 모든 존재의 이와 같은 상相·성性·체體·력力·작용[作]·
직접적 원인[因]·간접적 원인[緣]·1차적 과보[果]·2차적 과보[報]·
본말本末을 갖추었다." - 「방편품」

현 존재의 실상을 있는 그대로 (열 가지로) 표현했다 하여 '10여시十如是'라고 한
다. 즉 모든 존재의 참 모습은 외형과 내면의 속성·형체로 이루어져 있으며, 이
들은 역량과 작용을 가지고 있고, 직접적인 원인과 간접적인 인연으로 결과가
생긴다. 이 아홉 가지가 구경究竟에 차별 없이 평등하다는 것이다.

이 10여시, 곧 '제법실상'이란 일체 모든 존재의 있는 그대로의 모습, 진실한
상태라는 뜻이다. 실상의 의미에 대해 사전적 해설로 본다면, 공空·본체本體·
실체實體·진여眞相·본성本性 등으로 풀이할 수 있다. 곧 제법실상은 현상적으로
존재하는 일체 모든 것에는 근본적으로 참된 실재, 본 모습이 있다는 뜻이다.

제법실상이라는 용어는 후진의 구마라집(344~413)의 독특한 번역인데, 초기
불교에서 실상은 곧 연기緣起사상이다. 제법실상을 경전에서는 무상無相·법성
法性·공空·진여眞如 등 유사어를 쓰고 있는데, 모두 연기를 칭한다. 현 불교학에
서는 시간적인 선후 인과因果 관계만 연기라고 보는데, 초기불교에서는 논리적
인 상호의존의 인과 관계도 연기라고 하였다. 곧 현 불교학에서 연기의 의미가
축소된 것이다.

부처님께서 깨달은 진리가 연기였고, 이 연기를 대승불교에서는 공空, 『법화
경』에서는 제법실상이라고 표현한다. 다시 말해 선사들의 깨달은 세계를 표
현하는 문구를 제법실상이라고 하는데, 『법화경』에서 유래된 말이다. 화엄에
서도 '모든 것을 있는 그대로 보는 것이 불법佛法'이라고 하였다. 그래서 깨달음
의 게송을 보면, 굉지정각 선사는 "삼라만상은 있는 그대로가 좋다", 소동파는
"버들은 푸르고 꽃은 붉다", 황벽희운은 "산은 산이요, 물은 물이다"라고 하였
다. 즉 제법실상, 연기의 표현이라고 할 수 있다.

『법화경』의 두드러진 특징 ⇒ 일곱 가지 비유[法華七喩]

① 「비유품」의 3계화택三界火宅 : 불난 집에서 살고 있는 자식들을 비유
② 「신해품」의 장자궁자長者窮子 : 아버지가 아들에게 재산[보물]을
물려주는 비유
③ 「약초유품」의 약초藥草 : 하늘에서 비는 똑같이 내리지만, 각자 다르게
받아들인다는 비유
④ 「화성유품」의 보소화성寶所化城 : 길잡이가 보물이 있는 곳[목적지]으로
중생을 이끌고 가는 비유
⑤ 「오백제자수기품」의 의리계주衣裏繫珠 : 옷 속에 들어 있는 보석에 비유
⑥ 「안락행품」의 명주明珠 : 상투 속에 있는 가장 고귀한 보석에 비유
⑦ 「여래수량품」의 의사醫師 : 의사인 아버지가 자식들을 제도하기 위해
죽은 것으로 가장해 병의 위급함을 알게 하는 비유

● 보물 ⇒ 일승一乘·최상승·본각本覺에 입각한 진리
● 아버지·길잡이·의사·왕 ⇒ 부처님
● 아들이나 사람들 ⇒ 어리석은 중생

3승방편三乘方便이 일승진실一乘眞實임을 밝히고 있음. 이 비유가 ①3계화택,
②장자 궁자, ④보소화성임. 부처님은 모든 중생에게 최상승의 진리를 평등하게
설하지만, 받아들임은 중생의 몫임을 의미하는 ③약초 비유임.
불성을 구족하고 있으면서 자신이 갖춘 줄을 모르는 ⑤의리계주 비유.
『법화경』이 최상승 진리임을 상징하는 ⑥명주 비유.

15 『관음경』

평온한 고향 길로 인도하는
어머니보살, 관음!

『관음경』은 「관세음보살보문품」으로 『법화경』 25품에 해당한다. 하지만 북방불교권 나라에서 독립된 경전으로 사람들에게 가장 친숙하게 읽히는 경전이 바로 『관음경』이다.

무진의보살이 부처님께 "관음보살이 어떻게 해서 '관음'이라고 부르게 되었는가?"라고 묻자, 부처님께서 답변하는 것으로 구성되어 있다. 곧 관음보살이 중생의 수많은 고통을 두루 살피며, 중생을 구원해 주는 관음보살의 신통한 묘용妙用 을 주요 골자로 한다.

『관음경』에 드러난 관음보살의 묘용

"많은 중생들이 어려움에 처했을 때, 정성들여 일심으로 관음보살을 부른다면, 관음보살이 즉시 그 음성을 관觀하고 그들을 모두 고뇌에서 벗어나게 해 주리라."

『관음경』에서는 탐진치 3독을 벗어날 수 있다고

● 지극히 신묘하고 불가사의한 진리의 작용. 우주 삼라만상, 생로병사 등은 다 진리의 묘용에서 나타나는 것이다. 또한 큰지혜와 자비로 만 가지 능력과 덕망을 갖춘 불보살의 능력을 묘용이라고 한다.

어머니 품 같은 영혼의 고향으로 인도하는 『관음경』

『관음경』은 『법화경』 25품인 「관세음보살보문품」을 별도의 독립된 경전으로 만든 것임.

북방불교권에서 가장 친숙하게 읽히는 경전.

관세음보살이 중생의 수많은 고통을 두루 살피며, 중생을 구원해 주는 관음보살의 신통한 묘용을 주요 골자로 함.

"많은 중생들이 어려움에 처했을 때, 정성들여 일심으로 관음보살을 부른다면, 관음보살이 즉시 그 음성을 관하고 그들을 모두 고뇌에서 벗어나게 해 주리라."

하였는데, 외부적으로 받는 고통이든 마음에서 일어난 고통이든 관음보살이 고통을 제거해 준다는 뜻이다.

첫 번째, 소리[口]를 내어 입으로 관음보살을 부르면, 7가지 재난을 면한다고 하였다.

"관음보살의 명호를 마음에 간직하고 있는 사람은 ① 불에 들어가더라도 불에 타지 않고, ② 큰 물에 떠내려가도 물가에 닿으며, ③ 태풍으로 인해 배가 난파되더라도 물살에 떠내려가지 않는다. 또 ④ 어떤 사람이 칼에 찔리게 된 경우라도 관음보살의 명호를 염하면 칼이나 막대기가 산산조각 부서진다. ⑤ 야차와 나찰 등의 해로움을 받지 않으며, ⑥ 혹 수형의 틀에 갇힐지라도 벗어나게 되고, ⑦ 도적에게 둘러싸여 있을 때도 위험으로부터 벗어날 수 있다."

두 번째, 마음[意]으로 관음보살을 염할 경우의 공덕이다.

"음욕[貪心]이 많을지라도 항상 관음보살을 생각하고 명호를 염한다면 곧 그 음욕이 사라지게 되고, 혹 성내는 마음[瞋心]이 나더라도 관음보살의 명호를 염하면 성내는 마음이 사라지며, 어리석은[痴心] 중생이 항상 관음보살을 생각하고 공경한다면 지혜가 증장한다."

세 번째, 몸[身]으로 관음 기도를 할 경우이다.

"혹 어떤 여인이 자식을 낳고자 간절하게 관음보살을 염한다면 곧 훌륭한 자식을 얻을 수 있다고 하였다. … 이와 같이 관음보살의 명호를 염하면 한량없고 그지없는 복덕을 얻게 된다."

소리[口]를 내어 입으로 관음보살을 칭명한 공덕

① 불에 들어가더라도 불에 타지 않고,

② 큰물에 떠내려가도 물가에 닿으며,

③ 태풍으로 인해 배가 난파되더라도 물살에 떠내려가지 않는다.

④ 칼에 찔리게 된 경우라도 관음보살의 명호를 염하면 칼이나 막대기가 산산조각 부서진다.

⑤ 야차와 나찰 등의 해로움을 받지 않으며,

⑥ 혹 수형의 틀에 갇힐지라도 벗어나게 되고,

⑦ 도적에게 둘러싸여 있을 때도 위험으로부터 벗어날 수 있다.

마음[意]으로 관음보살을 염한 공덕

① 음욕[貪心]이 많을지라도 곧 그 음욕이 사라지게 되고,

② 성내는 마음[瞋心]이 나더라도 성내는 마음이 사라지며,

③ 어리석은[痴心] 중생이 항상 관음보살을 생각하고 공경한다면 지혜가 증장한다.

몸[身]으로 관음보살을 염한 공덕

"혹 어떤 여인이 자식을 낳고자 간절하게 관음보살을 염한다면 곧 훌륭한 자식을 얻을 수 있다고 하였다. … 관음보살의 명호를 염하면 한량없고 그지없는 복덕을 얻게 된다."

또 『관음경』에서는 중생을 제도하는 데 있어, 33응신설로 관음보살을 묘사하고 있다.●

"관음보살은 중생들의 원하는 바에 따라 방편력으로 몸을 나투어 제도한다. 즉 왕을 제도할 때는 왕의 몸으로 나타나고, 장자를 제도할 때는 장자의 몸으로 나타나며, 여인을 제도할 때는 여인의 몸으로 나타나는 등 관음보살을 염하는 사람 앞에 화신이 되어 나타난다."

동국대학교 중앙도서관 입구에도 관음보살이 모셔져 있는데, 책을 든 관음이다. 강릉 낙산사는 바닷가와 인접해 있는데, 해수관음이 모셔져 있다. 곧 바닷가의 어부들은 당연히 해수관음에게 기도할 것이다. 그렇다면 논두렁이 많은 농촌에서는 어떤 관음일까? 호미를 든 관음을 모셔놓고, 농부들은 호미든 관음보살에게 기도할 것이다. 아기를 낳지 못하는 엄마는 아기를 안은 관음보살에게 기도한다. 또 죽음을 앞둔 사람 앞에서는 아미타불 옆에 계신 관음보살에게 기도한다. 이같이 관음보살은 수많은 중생의 고통에 그대로 응해 준다는 의미로 관음보살의 형상[=모습]과 수인手印이 다양한 것이다.
그러므로 경에서는 이렇게 언급하고 있다.

"관음보살은 두렵고 위급한 환난 속에서도 능히 두려움을 없애주는 분이므로 '두려움을 없애고 행복을 주시는 분[시무외자施無畏者]'이니, 일심으로 관음보살을 공양하고 예배하라."

경전 독송과 관음보살 칭명의 현대적 의미

학생들에게 일반 서적을 소리 내어 읽게 하고,

● 관음이 교화할 때, 그 대상에 따라 알맞은 형상으로 변화되어 나타나는 33가지 모습인데, 이를 '33응신'이라고 한다.

뇌파를 측정해 보면, 안정적인 뇌파인 알파파가 기록된다. 또 기억력이 20% 향상되고, 뇌를 위밍업시킴으로써 뇌가 평소보다 능력을 활발하게 발휘한다고 한다. 일본의 아리타 히데오[有田秀穂. 1948년~. 東邦대학의 의대교수]가 의학적으로 독경·염불·다라니 독송을 했을 때, 반응에 대해서 이렇게 말했다.

"실험을 한 결과, 독경의 뇌파를 측정하면 알파파가 나올 때에 주기적인 차이가 있었다. 알파파가 잘 나올 때는 바로 다섯 문자 정도의 운을 읊조릴 때였다. 경전 독송의 경우, 내용이 있는 것을 읊을 때는 좌뇌가 작동하는 반면 운을 읊을 때는 알파파가 더 많이 나온다."

– 아리타 히데오 · 겐유소큐, 『禪과 腦』, 이성동 옮김, (서울: 운주사, 2012)

즉, 일반적으로 그냥 경전을 독경해도 알파파가 나온다. 그런데 평소에 외우고 있는 경전을 독송할 경우에는 알파파가 더 많이 나온다. 더 나아가 경전독송보다는 운율이 있는 관음보살, 지장보살 정근, 혹은 정확한 운율 형식의 게송을 염했을 경우에 알파파가 더 많이 나온다는 뜻이다. 이렇게 의학적으로도 경전 독송이 신체에 어떤 반응을 미치는지 증명되고 있다. 불교적 색채가 있는 칭명 염불이나 경전 독송은 신앙심이 고조됨은 물론이요, 스트레스를 해소시키고, 마음을 평온케 하는 데 금상첨화라고 본다.

고대로부터 근자에 이르기까지 중국과 우리나라 불자들에게 가장 친근한 보살이 관음이다. 고대로부터 승속을 떠나 『관음경』 독경만으로 정각을 이룬 사람도 많았고, 기도 성취를 한 사람도 많았다.

'지극하면 통한다'고 하였다. 신심만 있으면 어떤 역경도 헤쳐 나갈 수 있다. 너무 걱정하지 말라. 고통스런 일이 있으면 지극한 마음으로 관음을 불러보라.

"유구필응有求必應[구함이 있으면 반드시 응답이 있다]!!"

16 『천수경』

관음보살! 중생의 고통과 아픔을 보듬어 주다

『천수경』은 대승불교 중기 이후(4~7세기)에 성립된 밀교부 경전에 속한다. 중국에서는 7세기 초에 유입되어 650년경 최초로 번역되었고, 천태종의 사명 존자 지례(960~1028)가 널리 유통시켰다. 우리나라는 650~750년경을 즈음하여 당나라로 유학을 떠났던 신라 승려들이 들여왔으며, 『천수경』을 바탕으로 '관음참법' 등의 의례가 행해졌다. 고려 중기 무렵, 어느 정도 정형화된 『천수경』 독송의 양식이 형성되어 관음 신앙과 더불어 유통되기 시작하였다. 『천수경』은 고려 이후부터 현재에 이르기까지 불교의 모든 종파를 초월하여 불공의식 때 가장 많이 독송하는 경전이다.

『천수경』의 본래 명칭은 『천수천안관자재보살 광대원만무애대비심대다라니경千手千眼觀自在菩薩 廣大圓滿無碍大悲心大陀羅尼經』이다. '자비로운 관음보살이 크고 넓으며 걸림 없는 자비심을 간직한 대다라니에 관해 설법한 말씀'이라는 의미이다.

『천수경』의 핵심 사상은 어디에 있는가?

『천수경』을 천수다라니·대비심다라니[끝없는 자비의 바다]라고도 부른다. 왜냐하면 신묘장구대다라니에 『천수경』의 핵심이 들어 있기 때문이다. 다라니

중생의 고통과 아픔을 보듬어 주는 이타적 실천 수행의 『천수경』

『천수경』은 대승불교 중기 이후(4~7세기)에 성립된 밀교부 경전에 속함.

7세기 초에 중국에 유입되어 650년경 최초로 번역되었고, 천태종의 사명 존자 지례(960~1028)가 널리 유통시킴.

우리나라는 650~750년경을 즈음하여 당나라로 유학을 떠났던 신라 승려들이 들여왔으며, 『천수경』을 바탕으로 '관음참법' 등의 의례가 행해짐.

고려 중기, 『천수경』 독송 양식 형성, 관음 신앙과 함께 유통되기 시작함. 『천수경』은 고려 이후부터 지금까지 불교의 모든 종파를 초월하며 불공의식 때 가장 많이 독송하는 경전임.

『천수경』의 원 명칭은 『천수천안관자재보살 광대원만무애대비심대다라니경 千手千眼觀自在菩薩 廣大圓滿無碍大悲心大陀羅尼經』. '자비로운 관음보살이 크고 넓으며 걸림 없는 자비심을 간직한 대다라니에 관해 설법한 말씀'이라는 뜻임.

(Dharani)란 진언眞言(mantra)으로 총지總持·능차能遮라고 번역한다.(참고로 일반적으로 짧은 어구는 '진언'이라고 하고, 긴 어구는 '다라니'라고 기억하면 좋을 듯하다.) 즉 '부처님의 가르침이 담긴 엑기스[주요핵심]로서 신비적인 힘을 가지고 있으므로, 진리[法]를 기억하고 그 힘으로 모든 삿된 기운을 막아준다'는 의미가 담겨 있다. 『천수경』은 이렇게 다라니가 있어 일반적으로 밀교부 경전이라고 칭하지만, 현교인 경전에도 다라니나 진언이 들어 있다. 『천수경』의 내용으로 볼때, 밀교 경전이라기보다는 수행과 신행의 경전이라고 할 수 있다.

『천수경』을 독송하고 수지한 공덕

천수경을 독송하면 관세음보살이 모든 중생을 안락케 하고, 병을 없애 주며, 장수와 부귀영화를 얻게 하고, 일체 악업惡業의 무거운 죄를 소멸해 주며, 모든 장애를 차단해 막아주는 공덕이 있다. 또한 일체 청정한 법과 모든 공덕을 증장시켜 주고, 일체 모든 일을 성취시켜 주며, 모든 두려움을 없애주어 뜻하는 바가 원만히 구족되도록 부처님의 허락을 얻어 설한 경전이다. 구한말 경허 스님의 제자인 수월 스님을 비롯해 천수다라니를 지송함으로써 깨달음을 이루었거나 원하는 바를 성취한 분들이 많이 있다.

천수경의 특징
: 관음보살의 화신이 되어 중생을 구제하겠다는 서원

경전의 전체 내부는 귀의·찬탄·참회·발원으로 구성되어 있다. 경전을 세밀하게 보면, 정구업진언 등의 진언·개경게[경의 시작 계송]·대다라니계청·사방찬四方讚·도량 찬탄·참회게·준제진언·여래십대발원문·사홍서원·귀명삼보 등이 수록되어 있다.

『천수경』을 독송하고 수지한 공덕

① 관세음보살이 모든 중생을 안락케 하고,
② 병을 없애 주며,
③ 장수와 부귀영화를 얻게 하고,
④ 일체 악업의 무거운 죄를 소멸해 주며,
⑤ 모든 장애를 차단해 막아준다.
⑥ 일체 청정한 법과 모든 공덕을 증장시켜 주고,
⑦ 일체 모든 일을 성취시켜 주며,
⑧ 모든 두려움을 없애주어
⑨ 뜻하는 바가 원만히 구족되도록 부처님의 허락을 얻어 설한 경전임.

귀의·찬탄·참회·발원으로 구성되어 있는 『천수경』은 단순히
관음보살에게 복을 바는 타력적인 경전이 아니라 관음의 화신이 되어
중생들을 구제하겠다는 서원이 담긴 이타적인 실천 수행의 경전임.

불자는 관음보살에게 복을 달라는 것이 아니라, 스스로 관음보살이 되어
중생들에게 관음의 자비를 베풀겠다는 서원을 세우고 실천해야 함.

『천수경』은 단순히 관음보살에게 복을 비는 타력적他力的인 경전이 아니다. 관음보살이 부처님께 자비로써 중생들을 구제하겠다는 서원이 담긴 이타적利他的인 경전이다. 더나아가 기도 드리는 자신이 관음의 화신이 되어 탐·진·치 3독을 없애고 타인을 이롭게 하며 깨달음을 이루고 말겠다는 다짐과 발원이 주 내용을 이룬다. 이렇게 복을 추구하는 기도가 아닌 타인을 위한 이타행을 서원하며 『천수경』을 독송해야 올바른 불자의 행이라고 할 수 있다. 즉 기복적으로 관음보살님께 복을 달라는 것이 아니라, 스스로 관음보살이 되어 다른 사람들에게 관음보살의 자비를 베풀겠다는 서원을 부처님 앞에서 약속하고 실천해야 하는 것이다.

'참회합니다'·'행복하십시오'

정구업진언淨口業眞言 수리수리 마하수리 수수리 사바하

이 진언은 『천수경』 첫머리에 나오는 어구이다. 모든 경전이 다 그런 것은 아니지만 『천수경』처럼 첫 부분 혹은 중간 부분에 길고 짧은 진언이 수록되어 있다.●

정구업진언은 기도 전에 구업口業으로 지은 죄업을 깨끗이 하고, 경전을 독송한다는 다짐이라고 볼 수 있다. 일반적으로 진언을 해석하지 않는 것이 원칙이지만 '수리수리 마하수리 수수리 사바하'의 의미를 한번 살펴보자.

● '정구업진언'이 『천수경』에 나와 있다고 해서 『천수경』을 할 때만 이 진언을 독송하는 것은 아니다. 모든 경전을 독송하기 전에 이 진언을 세 번 독송하고 기도하는 것을 관례로 삼아야 한다.

수리, śrī - 길상존吉祥尊
마하, mahā - 대大
수 수리, su śri - 지극至極한 길상존吉祥尊

사바하, svāhā – 구경究竟·원만圓滿·성취成就

즉 '수리 수리 마하수리 수수리 사바하'는 ① 입으로 지은 악업을 참회하는 의미를 담고 있다. 과거 무수겁부터 지금 현재 기도하기 전까지 입으로 남을 욕했거나 타인을 비방한 구업을 청정히 한다는 발원이 담겨 있다. ② 나의 입으로 이 세상에 존재하는 모든 이들에게 "행복하십시오", "훌륭하십니다." "성공할 것입니다"라고 찬탄하거나 칭찬하며, 축원해 주라는 의미가 담겨 있는 것이다.

③ '말조심하라', '말에 대한 책임을 지라', '잘못된 말을 참회하라'는 등 입을 통해 지은 모든 악업을 소멸하기를 바라는 참회의 뜻이 있다. 이 진언 하나만 보아도 『천수경』은 자리自利와 이타적利他的인 두 가지 요소를 모두 갖추고 있음을 알 수 있다. ④ '수리'를 '깨끗이 한다'라고 번역해서 '깨끗하고 깨끗하게 하였으니 모든 것이 원만 성취케 하소서'라고 번역하기도 한다.

불교 의식 가운데 다기茶器에 차를 올리거나 물을 올린 뒤에 '아금청정수我今淸淨水 변위감로다變爲甘露茶'라는 게송을 한다. 즉 "내가 지금 청정한 물을 부처님께 공양하니 이 물이 변하여 감로다가 되어 주십시오"라는 발원이다. 이는 부처님께 정성스럽게 기도하겠다는 행위를 표하는 것이며 기도 후 그 정성에 감응하여 감로다로 변하게 해 달라는 염원이 담겨 있다.

관음보살은 어떤 분이며, 『천수경』에 관음보살이 몇 분 등장하는가?

관음보살은 산스끄리뜨어로 아바로끼떼슈와라(Avalokiteśvara)이며, 관세음·관자재·관음이라고 한다. 관음을 관자재觀自在라고 하는 것은 모든 법을 지혜로 관조하여 자재롭게 수행의 묘과妙果를 얻고, 중생구제에도 자유자재롭다는 뜻이다. 관세음觀世音은 세상의 모든 소리[중생의 고통받는 것]를 듣는 것이 아니라 관한다[살핀다]는 뜻이다.

관음보살은 산스끄리뜨어로 아바로끼떼슈와라(AVALOKITEŚVARA), 관세음·관자재라고도 함. 관음을 관자재라고 하는 것은 모든 법을 지혜로 관조하며 수행의 묘과를 얻고, 중생구제에도 자유 자재하다는 뜻임.

관세음은 세상의 모든 소리를 관한다[살판다]는 의미 천수천안은 손이 천 개, 눈이 천 개라는 말이지만, '헤아릴 수 없이 많은 손길과 눈'으로 중생을 빈틈없이 살피고 관하여 중생들의 온갖 소원을 자비롭게 구제해 준다는 것을 의미함.

『천수경』을 천수다라니·대비심다라니[끝없는 자비의 바다]라고도 부르는데, 신묘장구대다라니에 『천수경』의 핵심사상이 들어 있기 때문. 다라니(DHARANI)란 진언(MANTRA)으로 총지·능차라고 번역.

즉 '부처님의 가르침이 담긴 엑기스[주요핵심]로서 신비적인 힘을 가지고 있으므로, 기억하고 그 힘으로 모든 삿된 가운을 막아준다'는 의미가 담겨 있음.

또 천수천안千手千眼 관음이라고 할 때, 관음의 손이 천 개이고 눈이 천 개라는 것인데, 정확히 천 개를 가리키는 것이 아니라 '헤아릴 수 없이 많은 손길과 눈'이라는 뜻이다. 관세음보살이 중생을 살피고 관觀하는데, 천 개의 손과 천 개의 눈처럼 자상하고 빈틈없이 살핀다는 것이다. 곧 중생들의 소원하는 바가 각각이므로 그 중생의 원하는 바에 따라 자비롭게 보살펴 준다는 것이다.

수많은 관음 중에 양류楊柳 관음도 있는데 관음보살이 중생의 소원을 들어 주는 것이 마치 버드나무 가지가 바람에 쏠리는 모양과 같다고 하여 붙여진 이름이다.

『천수경』에 나오는 대세지보살·천수보살·여의륜보살·대륜보살·정취보살·만월보살·수월보살·군다리보살·십일면보살 등도 모두 관음보살의 다른 이름이다. 우리나라 석굴암에 모셔진 관음은 십일면十一面보살이다. 말 그대로 11개의 얼굴을 가진 분인데, 자비로운 모습·분노의 모습·측은히 여기는 모습 등 중생구제의 방편을 다양한 얼굴로 표현한 것이다.

과거세로부터 오늘날까지 지은 업장을 참회합니다

"과거세 옛날부터 내가 지은 모든 악업들 이 모든 것들이 탐내고 성내며,
어리석음으로 생기어 몸과 입과 뜻, 3업으로 나쁜 행동을 많이 했으니
일체 모든 악업을 나는 지금 진심으로 참회합니다."

"아석소조제악업 개유무시탐진치 종신구의지소생 일체아금개참회."
我昔所造諸惡業 皆有無始貪瞋癡 從身口意之所生 一切我今皆懺悔

위의 내용은 참회한다는 뜻이다. 먼저 참회懺悔의 뜻을 보자. 참懺은 산스끄리뜨어 '끄사마(ksama)'로 인忍을 뜻하며 스스로 뉘우쳐 용서를 비는 일이고, 회

悔는 산스끄리뜨어 '빳띠-쁘라띠데아나(patti-pratideana)'로서 과거의 죄를 뉘우치고 부처님과 대중 앞에 고백하는 것을 말한다.

『천수경』에서 참회 의식은 신身·구口·의意 3업으로 지은 그릇된 행위들을 반성하고 새로운 사람으로 거듭 태어나겠다고 부처님 앞에서 맹세하는 수행이라고 할 수 있다. 참회진언 '옴 살바 못자모지 사다야 사바하'를 하고 나서 이어서, 12분의 부처님 명호를 부르면서 그 동안 알게 모르게 지은 자신의 참회를 증명한 뒤, 10가지의 나쁜 행위들을 참회한다. 즉 살생·도둑질·사음·쓸데없고 거짓된 말·그럴싸하게 꾸며대는 말·이간질한 말·악담하거나 욕을 했던 것·욕심·성냄·어리석음의 10가지 무거운 중죄를 참회하겠다는 의식이다.

죄에는 본 성품이 없다. 누가 죄를 짓고, 누가 고통을 받는가?

"죄에는 본 성품이 없고 단지 그 마음에 따라 일어나니,
만약 그 마음이 멸한다면 죄도 또한 없어지며
죄와 마음, 이 두 가지가 모두 사라지면
이를 두고 곧 진실한 참회라고 하네."

"죄무자성종심기 심약멸시죄역망 죄망심멸양구공 시즉명위진참회."
罪無自性從心起 心若滅是罪亦忘 罪忘心滅兩俱空 是則名爲眞懺悔

위의 내용은 단순한 참회를 넘어 공사상이 담겨 있다. 우리 삶속에서 일어나는 일들과 연관 지어 볼 수 있다. 인간은 자기 스스로가 만들어낸 두려움·비굴함·자괴감·낮은 자존감이 만들어낸 죄의식으로 자승자박하는 경우가 많다. 어떤 것이든 스스로 문제 삼지 않으면 고뇌는 없다. 자기 생각이 만들어낸 고통에 의해 자신이 고통 받고 있는 것이다. 그러니 죄의식도 번뇌가 만들어낸 뜬

구름과 같은 것이다. 어떤 일이나 사건도 하나하나의 요소[조건]에 의해서 형성되어 있고, 그 하나하나의 요소는 실체가 없는 무자성無自性이다. 그런데 사람들은 실체가 있다고 착각하고 뜬구름을 붙잡고 괴로워한다. 이 점을 자각하고 괴로워하지 말고, 진리를 간절히 믿고 의지할 때, 진정한 참회가 되는 것이다.

사홍서원을 간직하리라

가없는 중생을 다 건지오리다[衆生無邊誓願度]. - ①
끝없는 번뇌를 다 끊으오리다[煩惱無盡誓願斷]. - ②
한없는 법문을 다 배우오리다[法門無量誓願學]. - ③
위없는 불도를 다 이루오리다[佛道無上誓願成]. - ④

위의 사홍서원을 총원總願이라고 한다. ①만 다른 이의 이익을 우선한다는 이타적利他的 하화중생下化衆生의 의미가 담겨 있고, ②~④까지는 자리적自利的 상구보리上求菩提의 의미가 담겨 있다.

대승불교의 특징 중 하나가 서원이다. 서원이란 보살이 스스로 깨달음을 구하고 다른 사람을 위해 이익이 될 수 있도록 수행을 하겠다고 부처님께 맹세하는 것이다. 서원에도 총원總願과 별원別願이 있다[이 점은 앞 대승불교사에서 언급했던 내용이다]. 총원이란 모든 보살이 가지고 있는 공통적인 서원인 사홍서원을 말한다. 이는 천태종 담연(711~782)이 지은 『지관대의止觀大意』에 의거한다. 각 보살들의 별원에는 『화엄경』 보현보살의 10행원十行願, 『무량수경』 아미타불의 전신인 법장비구의 48대원, 『승만경』 승만부인의 10대수, 약사여래의 12원 등이다.

17 정토삼부경:
『무량수경』·『아미타경』·『관무량수경』
이상 세계를 보여주어 민중에게
희망을 품게 하다

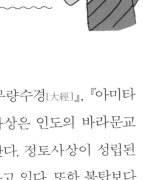

정토종의 근본 경전인 정토삼부경은 연대적으로 『무량수경[大經]』, 『아미타경[小經]』, 『관무량수경[觀經]』 순으로 성립되었다. 정토사상은 인도의 바라문교에서 유래된 것이라고 하지만, 이 점은 여기에서 배제한다. 정토사상이 성립된 장소는 북인도나 서역 지역, 매우 더운 지방으로 추정하고 있다. 또한 불탑보다는 불상 숭배와 관계가 깊다고 본다. 정토신앙이 보편화된 것은 대승불교 반야부 경전 성립 이후부터다. 다른 여러 세계에도 각각 부처님이 출현한다는 신앙에서 발전되었다고 본다.

정토신앙에는 동방 아촉불의 묘희국妙喜國 정토, 서방 아미타불의 극락 정토, 미륵보살의 도솔천 정토이다. 이런 여러 세계 중 동방의 아촉불이 우세했으나 후대로 가면서 서방의 아미타불 신앙으로 변천되었다. 아미타불이라는 명칭은 『무량수경』에서 유래된다. 아미타불阿彌陀佛은 무량수불無量壽佛 혹은 무량광불無量光佛이라고 하는데, 불사적不死的인 영원성의 이미지를 띠고 있다.

정토신앙의 한국적 이해

초기 대승경전에 드러난 사상에는 부처를 칭명稱名하는 타력적인 신행이 등

극락세계를 통해 민중에게 희망을
열어준 정토삼부경

정토종의 근본 경전인 정토삼부경은 연대적으로 『무량수경[大經]』,
『아미타경[小經]』, 『관무량수경[觀經]』 순으로 성립됨.
정토사상이 성립된 장소는 북인도나 서역 지역, 매우 더운 지역으로 추정.

대승불교 반야부 경전 성립 이후에 정토신앙이 보편화됨.
다른 여러 세계에도 각각 부처님이 출현한다는 신앙에서 발전된 것으로 보임.

아미타불이라는 명칭은 『무량수경』에서 유래됨.
아미타불은 무량수불, 무량광불이라고 하는데,
불사적인 영원성의 이미지를 띠고 있음.

정토삼부경에는 '아미타불'을 칭명만 해도
극락세계에 왕생하거나 불도를 성취한다는 타력他力 신앙이 담겨 있음.

『무량수경』에서 "임종할 때 아미타불 명호를 10념十念만 하면 왕생극락한다"
하였고, 『관무량수경』에서 "아무리 사악한 악인이라도 '나무불'이라고
열 번만 소리 내어 부르면[十聲] 극락세계에 왕생한다"고 함.
타력 신앙은 모든 중생이 쉽게 실천할 수 있다는 이행문易行門임.

쉽게 구원받는 정토 사상은 인도보다는 중국에서 신앙적인 체계로 성립되었고,
중국과 우리나라는 민중불교의 대표적인 타력 신앙으로 정토 신앙이 보편화됨.

장하면서 모든 중생이 함께 행복한 세계에 살 수 있다는 염원이 담겨 있다. 정토삼부경에 드러난 구제 사상이나 보살 정신에는 부처님의 이름을 부르기만 하여도 극락세계에 왕생하거나 불도를 성취한다는 사상이다.

이런 타력他力 사상은 모든 중생이 쉽게 실천할 수 있는 이행문적易行門的 요소임을 알 수 있다. 즉 『무량수경』에 "임종할 때에 아미타불 명호를 10념十念만 하면 왕생극락한다"고 하였고, 『관무량수경』에는 "아무리 사악한 악인이라도 '나무불'이라고 열 번만 소리 내어 부르면[十聲] 극락세계에 왕생한다"고 하였다. 이렇게 쉽게 구원받는 정토 사상이 전개되어 인도보다는 중국에서 사상 체계를 이루었고, 신앙적인 체계로 확립하였다. 중국과 우리나라는 민중불교의 대표적인 타력신앙으로 정토신앙이 보편화되어 있다.

우리나라 조계종의 종지宗旨는 선종을 표방하지만 통불교적인 성향을 지니고 있다. 이에 다양한 형태의 수행법을 인정하는 것이 타당한 일이라고 본다. 기도에서나 의식에서 아미타불을 염하거나 관음보살 명호를 칭명하고, 선종 승려일지라도 늘 아미타불을 염하는 일이 일상화되어 있다. 그런데 고대로부터 즉금에 이르기까지 북방불교에서는 참선자만이 상근기요, 염불은 하근기나 아녀자가 하는 것으로 간주되고 있는데, '참선자만이 최상승 근기자가 아니라 어떤 수행이든 최상승 근기'라고 하는 수행풍토로 고려되어야 한다.

참선이든 염불이든 간경이든 주력이든 그 어떤 수행법이든 이고득락離苦得樂[고를 여의고 낙을 얻음]을 위한 수승한 방편[진리]이다. 『금강경』에서는 "이 법은 평등해서 높고 낮음이 없다"라고 하였고, 또한 이 경에서 "부처님께서 말씀하신 뜻을 알기로는, '가장 높고 바른 깨달음이 이것이다'라고 할 만한 정해진 법이 없다"라고 하였다. 곧 진리에는 높고 낮음이 없으니, 법이 문제가 아니라 사람이 문제인 것이다.

Ⅰ-① 『무량수경』은 어떤 경전인가?

『무량수경』은 대승사상의 영향으로 중생 구제를 모티브로 아미타신앙이 발전되었을 것으로 추정된다. 이 경은 산스끄리뜨어 '수카바띠 브유하(Sukhāvatī-vyūha)'인데, '극락세계의 장엄'이라는 뜻이다. 영축산에서 부처님이 제자들에게 아미타불 극락세계의 장엄을 설하고, 아미타불이 과거세에 법장 비구로 수행할 때 세운 48대원을 말씀하셨다.

상권에서는 옛날 세자재왕여래가 출현했을 때, 그 나라의 국왕이 보리심을 내어 나라를 버리고 출가해 법장비구가 되었다는 내용을 설하고 있다. 이 법장비구는 아미타불의 과거 전신前身이다. 법장비구는 일체 중생을 제도하겠다는 48대원을 세우고, 수만겁을 수행해 아미타불이 되어 서방정토 세계를 건설하였다. 아미타불의 원력으로 중생들이 '나무아미타불' 명호를 부르면 극락세계에 왕생할 수 있다는 내용이다.

하권에서는 중생이 서방정토에 왕생하는 방법과 왕생한 이후의 공덕을 설하고 있다.

Ⅰ-② 『무량수경』의 경전 내용

법장비구가 세운 48대원을 크게 내용별로 분류해 보면 이러하다.

① 중생이 삼악도의 고통을 여의고 청정 세계에 태어나기를 염원
② 중생이 장애인의 몸을 받지 않고 건강한 신체로 태어나기를 염원
③ 중생이 6신통 갖추기를 염원
④ 중생이 청정한 생활을 할 수 있기를 염원
⑤ 광명이 두루 비추고 수명이 영원하기를 염원

⑥ 중생이 지혜를 얻어 변재辯才가 뛰어나기를 염원

⑦ 중생이 사는 세계가 아름다운 모습으로 장엄되기를 염원

⑧ 어떤 중생이든 '아미타불' 한 번만 들어도 지혜를 얻거나 성불하기를 염원

"제가 부처가 될 적에, 그 나라에 태어나는 중생들이 다시 3악도의 고통을 받는다면 저는 부처가 되지 않겠습니다." – 2원

"제가 부처가 될 적에, 그 나라의 모든 중생들이 망상을 일으키거나 아상我相만을 내세우고 번뇌가 완전히 사라진 누진통을 얻지 못한다면 저는 부처가 되지 않겠습니다." – 11원

"제가 부처가 될 적에, 그 나라의 모든 중생들이 나쁜 일에 대해 듣거나 좋지 않은 이름이나 악한 말을 듣게 된다면 저는 부처가 되지 않겠습니다." – 16원

"제가 부처가 될 적에, 그 나라의 모든 중생들이 금강역사金剛力士처럼 건강한 신체를 갖지 못한다면 저는 부처가 되지 않겠습니다." – 26원

"제가 부처가 될 적에, 그 나라의 모든 중생들이 지혜를 얻지 못하거나 언변이 뛰어나지 못한다면 저는 부처가 되지 않겠습니다." – 30원

"제가 부처가 될 적에, 시방세계의 어떤 중생이라도 제 이름[아미타불]을 듣기만 해도 보살의 무생법인無生法忍과 지혜 얻기를 서원합니다." – 34원

"제가 부처가 될 적에, 시방세계의 수많은 중생들이 제 이름[아미타불]을 듣고 명을 마친 뒤, 다음 세상에 태어나서도 청정하게 수행하여 성불하지 못

정토종의 근본 경전인 정토삼부경

『무량수경無量壽經』은 AD. 252년에 낙양에 온
강승개(SAMGHAVARMAN)가 한역. 『무량수경』의 산스끄리뜨어
'수카바띠 브유하(SUKHĀVATĪVYŪHA)', '극락세계의 장엄'을 뜻함.
영축산에서 부처님이 제자들에게 극락세계의 장엄과 아미타불이 과거세에
법장비구였을 때 세운 48대원을 설함.

『아미타경阿彌陀經』, AD. 402년 구마라집(344~413)이 한역.
대부분의 경전이 부처님과 제자들과의 대화체 형식인데, 이 경은 아무도
묻지 않는데 부처님께서 법을 설하시는 방식임. 『아미타경』은
『무량수경』 다음에 편찬된 경전인데, 『무량수경』을 요약해서
『아미타경』을 만들었다고 추정함. 간결하며 유려한 문장으로 구성되어 있어
정토삼부경 중 독송용으로 가장 많이 유통되고 있음.

『관무량수경觀無量壽經』, 424년~442년 사이에
서역인 강량야사(KĀLAYAŚAS)가 한역. 마가다국 위두다바 태자가 역모를
꾀해 부친 빔비사라왕을 감옥에 유폐시키고 옥바라지를 하던 모친 위제히
왕비까지 옥에 가둠. 석가모니 부처님을 향해 구원해 주길 지성으로 염원한
위제히 왕비, 부처님께서 친히 감옥에 방문해서 위제히 왕비에게 극락정토를
보여주고 극락에 갈 수 있는 3복과 16관법을 설해줌. 정토수행방법인 관법은
선의 발전에 영향을 미침. 선사들은 『관무량수경』의 일상관을 의용하며
초심자들을 위한 좌선법으로 응용함.

한다면 저는 부처가 되지 않겠습니다." – 36원

"제가 부처가 될 적에, 그 국토의 모든 중생들이 듣고 싶은 법문이 있는데, 법문이 저절로 귀에 들리지 않는다면 저는 부처가 되지 않겠습니다." – 46원

"제가 부처가 될 적에, 어떤 중생이든지 지극한 마음으로 저의 불국토를 믿고 좋아해 제 국토에 태어나고자 한 사람이 제 이름[아미타불]을 열 번 불렀는데도 그들이 모두 제 국토에 태어날 수 없다면 저는 부처가 되지 않겠습니다." – 18원

이 내용은 임명종시臨命終時에 아미타불 명호를 열 번만 부른다면 왕생극락한다는 것으로 『아미타경』의 대표 언구이다.

"제가 부처가 될 적에, 보리심을 발하고 여러 가지 공덕을 닦아 제 국토에 태어나고자 서원을 세운 중생이 있어, 그가 임종할 무렵에 대중과 함께 그를 마중할 수 없다면 저는 부처가 되지 않겠습니다." – 19원

이 내용을 모티브로 극락세계에서 아미타불이 중생을 영접하는 모습을 그린 극락도極樂圖가 많이 있다. 아미타불이 모셔진 당우를 '접인전接引殿'이라고도 하는데, 아미타불이 극락세계로 중생을 친히 영접한다는 의미이다.

"제가 부처가 될 적에 시방세계의 어떤 여인이든지 내 이름을 듣고 환희심 내어 보리심을 발發했는데, 이 여인이 여자 몸을 싫어하는데도 목숨이 마친 뒤에 다시 여인의 몸을 받는다면 나는 정각을 이루지 않겠습니다." – 35원

이 내용은 발심한 여인이 이번 생은 어쩔 수 없지만, 현생에 발심한 공덕으로 다음 생에 남자 몸 받는 것을 의미한다. 내용의 이면에는 여인 신분으로는 극락에 머물기 어려워 남자 몸을 받아야 극락에 왕생하거나 성불할 수 있다는 의미를 함축하고 있다. 곧 여인 구제사상으로 볼 수 있다.

② 『아미타경』은 어떤 경전인가?

『아미타경』은 석가모니 부처님이 기원정사에서 사리불 존자에게 말씀해주신 내용이다. 대부분의 경전이 부처님과 제자들과의 대화체 형식인데, 이 경전은 부처님께서 아무도 묻지 않는데 법을 설하는 방식이다[無問自說]. 즉 아무도 이 법문을 이해할 수 없으므로 묻는 이가 없었고, 사리불 존자가 비록 설법 대상이나 어떻게 물어야 할지 모르기 때문이다.

부처님께서 사리불 존자에게 아미타불과 아미타불이 머물고 있는 서방정토 극락세계의 장엄함과 공덕을 설해 주고, 이어서 아미타불 명호를 칭명하면, 극락세계에 왕생할 수 있다고 설한다. 경전 말미에 가면, 6방六方(동·서·남·북·상·하)의 부처님이 석가모니 부처님 설법을 찬탄하고 증명하면서 신앙심을 고취시킨다.

경전에서는 극락세계를 다음과 같이 묘사하고 있다.

① **난순**(欄楯, 아름다운 난간) · **나망**(羅網, 구슬로 장식된 그물) · 가로수 · 누각 · 차바퀴 크기의 청황적백의 연꽃 · 천상의 음악 · 꽃비 · 진귀한 새 등을 언급하고 있다.
② 지옥 · 아귀 · 축생 3악도가 없다.
③ 부처님의 광명이 무량하다.
④ 부처님과 사람의 수명도 무량하다.

⑤ 성불한 이후부터 10겁을 지낸다.

⑥ 제자가 무수하게 많다.

⑦ 불국토의 일을 듣는 자는 서원을 세운다.

⑧ 아미타불 명호를 듣고 1일~7일 동안 일념으로 염불하면 임종 때에 아미타불의 영접을 받아 극락세계에 왕생한다.

⑨ 현재 이 세계에서 석가모니불이 아미타불을 상찬하듯이 6방의 각 불국토에서 석가모니불을 찬탄한다.

⑩ 경전에 대해 찬탄하고 게송을 읊는다.

①~⑥은 극락세계를 사실적으로 묘사한 것이고, ⑦~⑩은 극락세계에 대한 공덕과 찬탄이다. 『아미타경』은 『무량수경』 다음에 편찬된 경전인데, 『무량수경』을 요약해서 『아미타경』을 만들었다고 추정하기도 한다. 『아미타경』은 간결하며 유려한 문장으로 구성되어 있어 정토삼부경 중 독송용으로 가장 많이 유통되고 있다.

③-① 『관무량수경』의 성립 배경 및 줄거리

부처님 재세 시에 마가다국(경전에서 자주 언급되는 왕사성은 마가다국의 수도)의 국왕은 빔비사라였고, 왕비는 위제희[Videhi]였다. 위제희는 꼬살라국(왕사성과 함께 경전에 많이 나오는 사위성은 꼬살라국의 수도) 빠세나디왕(Pasenadi, 바사익)의 여동생이다. 그녀는 공주로 태어나 최대 강대국의 왕비로 시집을 갔던 여인이다. 곧 세상의 남부러울 것 없는 부귀와 영화를 모두 가진 여인이다. 빔비사라왕 말년에 마가다국의 태자인 위두다바(Viḍūḍabha, 아사세)가 왕위를 찬탈하는 역모 사건이 일어났다. 위두다바는 아버지 빔비사라왕을 감옥에 유폐시켰다. 빔비사라왕이 감옥에 갇히자, 위제희 왕비는 몰래 옷 안에 음식을 숨겨서 왕에게 가져다 주었다. 아사세 태자가 이 사실을 알고, 어머니가 음식 배달하는 것을 철저히 통제하였다. 왕비는 이번에는 자신의 몸에 곡물이 첨가된 꿀을 몸에 발라 감옥에 들어갔고, 왕으로 하여금 그 꿀로 삶을 연명케 하였다. 이 사실까지 알게 된 위두다바 태자는 분노가 극에 달해 어머니를 죽이려고 하였다. 그런데 백성의 이목을 봐서라도 '어머니를 죽여서는 안 된다'는 신하의 충언에 위제희 왕비는 생명을 연명하게 되었고, 결국 그녀마저 감옥에 유폐되었다.

감옥에 갇힌 왕비는 매우 슬퍼하며 영축산에 머물고 있던 석가모니 부처님을 향해 지성으로 염원했다. 그녀는 부처님께서 감옥으로 왕림해 빔비사라왕과 자신을 구제해 주기를 빌었던 것이다. 석가모니 부처님은 신통력으로 왕비의 마음을 아시고 제자들과 함께 그녀가 갇혀 있는 감옥을 방문하셨다. 그리고 광명을 놓아 왕비에게 한량없는 부처님 세계를 보여 주셨다. 그녀는 여러 나라들 중에 환희와 열락悅樂이 가득한 서방 극락세계를 찬탄한 뒤 부처님께 그 세계에 태어날 수 있는 방법을 여쭈었다. 부처님께서는 왕비를 위해 극락 정토세계를 보여준 뒤, ① 서방극락에 갈 수 있는 3복을 설해 주고, ② 16가지 관법觀法을 설해 준다. 왕비는 16관법의 가르침을 듣고 생사를 초월한 무생법인無生法忍을 깨달아 극락정토에 태어나기를 염원하였다.

③-② 『관무량수경』의 내용
: 3복과 16관법

서방극락에 갈 수 있는 3복[수행자가 닦아야 할 세 가지 청정한 업]이란 부모에게 효도하고 10선善을 실천해 도덕적으로 청정한 것[世福], 불법승 3보에 귀의하고 계율에 청정한 것[戒福], 대승의 진리를 추구하는 것[行福]이다.

서방극락에 갈 수 있는 16관법은 삼매사상이다. 16관법의 처음은 해가 지는 것을 관함~아미타·관음·대세지 두 보살을 관함~극락세계를 관하는 것으로 구성되어 있다. 구체적으로 살펴보면 다음과 같다.

① 서쪽에 지는 태양을 관하는 일상관日想觀,

② 얼음처럼 투명하고 맑고 청정한 물을 관하는 수상관水想觀,

③ 황금색으로 빛나는 보배로운 땅을 관하는 지상관地想觀,

④ 칠보로 구성된 나무에 시방의 국토가 비추고 설법하는 나무를 관하는 보수관寶樹觀,

⑤ 네 가지 보배와 여덟 가지 공덕의 물과 연꽃으로 갖춰진 장엄한 연못을 관하는 연지관蓮池觀,

⑥ 보배로 갖춰진 누각에서 빛나는 광명과 우주를 관찰하는 보루관寶樓觀,

⑦ 보배로운 연꽃으로 구성된 좌대를 관하는 화좌관華座觀이다.

⑧ 아미타불과 관세음보살·대세지보살을 관하는 상상관像想觀,

⑨ 아미타불의 법신을 관하는 진신관眞身觀,

⑩ 관세음보살을 관하는 관음관觀音觀,

⑪ 대세지보살을 관하는 세지관勢至觀,

⑫ 자기 자신이 극락에 왕생함을 관하는 보관普觀,

⑬ 아미타불과 두 보살이 극락에서 교화하는 모습을 관하는 잡상관雜像觀 등이다.

그 다음에 9품[三品三輩]으로 구분된다.

⑭ 상배에서 3품 = 상품상생上品上生·상품중생上品中生·상품하생上品下生

⑮ 중배에서 3품 = 중품상생·중품중생·중품하생

⑯ 하배에서 3품 = 하품상생·하품중생·하품하생

즉 정토에 왕생하는 방법을 상품·중품·하품의 세 종류로 나누고, 또 각각을 상생上生·중생中生·하생下生으로 세분하기 때문에 9품이라고 한다.

상품상생인 경우, "지극한 마음·심심深心·회향발원심이라고 하는 3심을 일으키는 사람은 반드시 왕생할 수 있다"고 하였다. 즉 계를 지키고 독경하며 불도수행을 하는 것이 상품상생이며, 악업을 행하는 것이 가장 낮은 하품하생이다.

상품상생~하품하생까지의 극락왕생 방법에도 차이가 있다. 즉 상품상생인 경우는 임종시에 아미타불 및 여러 보살들이 이 사람을 영접하러 오지만, 하품하생인 경우는 아미타불께서 사자만 보내고 모습을 나타내지 않는다. 또 연못 속에 태어나도 49일 동안 연꽃 속에 갇혀 지낸다.

③-③ 『관무량수경』과 선관禪觀

『관무량수경』을 일반적으로 『관경』이라고도 한다. 『관경』에 드러난 내용은 선사상 측면에서 학문적으로 발전되었다. 『관경』을 불상과 삼매사상의 영향으로 성립되었을 것이라는 관점에서 보는 측면이다. 『관경』의 16관법이 정선定善[⇨禪定]과 산선散善[⇨念佛]으로 구성되어 있기 때문이다.

16관법 중 대표적인 선관이 서쪽으로 지는 해를 바라보며 명상하는 ① 일상관日想觀이다. 마음을 가다듬고 서방을 향하여 정좌하고 생각을 한 곳에 집중하여 서쪽으로 지려는 해의 모습을 분명하게 보며, 지려는 해가 마치 서쪽 하늘에 매달린 북과 같음을 관하여 마음에 새긴다. 이러한 관법은 극락세계를 관찰하는 예비적인 청정한 정토수행방법이다. 중국 당나라 때 5조 홍인(601~674)의 선사상은 수심守心이다. 수심의 실제적인 수행법은 『관무량수경』에 의한 실천법이다. 즉 일상관을 의용하여 초심자들을 위한 좌선법으로 응용하였다.

18 『범망경』: 『보살계본』

인간으로서 최선·최상의 삶은 무엇인가?

　『사분율』과 『오분율』이 출가자의 계율을 담은 율전이라면, 『범망경梵網經』은 출·재가자 모두에 해당한다. 『범망경』에는 곧 보살이 지녀야 할 마음 자세이자 실천덕목인 대승계율大乘戒律이 담겨 있다. 『범망경』의 온전한 경명은 『범망경노사나불설보살심지계품梵網經盧舍那佛說菩薩心地戒品』이며, 『범망보살계경』으로도 알려져 있다. 5세기에 중국에서 만들어진 경전으로서 중국인의 사유가 깃들어 있다. 하지만 『범망경』은 대승 사상을 제시하고 있어 국가를 떠나 북방불교 불자들의 지표가 되고 있다.

　『범망경』은 천태종과 정토종·선종·화엄종 등 모든 종파의 소의율전所依律典이다. 중국 법상종의 유식 계열에서는 보살계를 '악한 마음에서 발생하는 행위를 금지해야 하는 것'으로 제시한다면, 『범망경』은 보살계를 '선한 마음에서 유발되는 선업을 장려하고 격려하는 입장'이라고 볼 수 있다.

　『범망경』은 상권과 하권으로 극명하게 나뉘어져 있다.

　상권은 『화엄경』 10지十地 사상의 축소판으로 알려져 있으며, 화엄의 이해 없이는 상권을 이해하기 쉽지 않다. 상권은 계율에 관한 이야기는 전혀 없고, 석가모니 부처님 자신은 심지心地를 수행해서 부처가 되었음을 고백하고, 동시

최선·최상의 삶을 제시한 『범망경』:『보살계본』

『범망경』은 『범망보살계경』이라고 하는데 보살이 지녀야 할 마음 자세이자 실천덕목인 대승계율이 담겨져 있음. 『범망경』의 온전한 경명은 『범망경노사나불설보살심지계품』. 5세기에 중국에서 만들어진 경전으로 중국인의 사유가 깃들어 있지만 대승 사상을 제시하고 있어 북방불교 불자들의 지표가 됨.

『범망경』은 천태종·정토종·선종·화엄종 등 모든 종파의 소의율전임.

『범망경』의 상권은 『화엄경』 10지 사상의 축소판으로 알려져 있음. 계율에 관한 이야기는 전혀 없고, 석가모니 부처님이 심지를 수행해서 부처가 되었음을 고백하고, 정각에 도달하기 위한 40단계의 수행 차제 (10발심·10장양심·10금강심·10지에 대한 수행계위)를 설명.

『범망경』의 상권이 수행의 전거가 되는 경전이라면, 하권은 계율적인 측면에 근접해 있음. 하권에는 불교도의 신행 규범으로 10중대계(10종의 무거운 죄)와 48경계(48종의 가벼운 죄)를 설명하고 지계를 권하고 있음. 현재 유통되는 『범망경』은 하권으로 『보살계본』이라고도 하는데, 보살계도량과 수계법회, 포살 등 출·재가자를 막론하고, 널리 활용되고 있음.

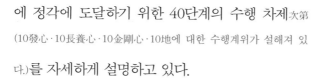

에 정각에 도달하기 위한 40단계의 수행 차제次第(10發心·10長養心·10金剛心·10地에 대한 수행계위가 설해져 있다.)를 자세하게 설명하고 있다.

상권이 수행의 전거가 되는 경전으로 알려져 있는 반면, 하권은 계율적인 측면에 근접해 있다.

하권에는 불교도의 신행 규범으로 10중대계와 48경계, 즉 10종의 무거운 죄와 48종의 가벼운 죄를 조목조목 설명하고 지계持戒를 권하고 있다.

현재 유통되는 『범망경』은 하권으로서 『보살계본菩薩戒本』이라고도 하는데, 출·재가자를 막론하고, 널리 활용되고 있다. 하권은 보살계도량菩薩戒道場과 수계법회에서 행해지고 있으며, 승려들의 포살●도 『보살계본』을 토대로 행한다. 이 경은 불교도의 신행 규범으로나 신심의 근본 경전으로 널리 유통되고 있다.

● 포살布薩[Uposatha]은 부처님 재세 시～현재까지 승려들이 매월 15일과 말일에 각각 자신들이 거주하는 지역의 한 곳에 모여 보름 동안의 생활을 반성하는 의식이다. 중회衆會 가운데 상좌上座의 자리에 있는 이들이 매 번마다 차례로 번갈아서 바라제목차[Pāṭimokkha]의 계목을 읽어 내려간다. 이 때 수행자들은 그것을 들으면서 보름 동안 계율에 어긋나는 말이나 행동을 한 일이 없었는지를 반성해 보고, 계율을 범한 적이 있으면 대중 앞에서 그 일을 고백하고 참회하여 그 중회에서 정해주는 적절한 처벌을 받아들이는 제도이다. 현 조계종 승려는 결제 때, 포살의식을 하는데 반드시 참여해야 한다.

열 가지 무거운 죄[10重大戒]

① 살생하지 말라.

② 도둑질을 삼가라.

③ 음행을 삼가라.

④ 거짓말하지 말라.

⑤ 술을 팔지 말라.

⑥ 사부대중의 허물을 말하지 말라.

⑦ 자기를 높이고 다른 사람을 비방하지 말라.

열 가지 무거운 죄[10重大戒]

① 살생하지 말라.
② 도둑질을 삼가라.
③ 음행을 삼가라.
④ 거짓말하지 말라.
⑤ 술을 팔지 말라.
⑥ 사부대중의 허물을 말하지 말라.
⑦ 자기를 높이고 다른 사람을 비방하지 말라.
⑧ 재보시든 법보시든 많이 베풀라.
⑨ 진심嗔心을 줄이고, 타인의 참회를 받아들여 용서하라.
⑩ 3보를 비방하지 말라.

⑧ 재보시든 법보시든 많이 베풀라.
⑨ 진심嗔心을 줄이고, 타인의 참회를 받아들여 용서하라.
⑩ 3보를 비방하지 말라.

불자로서 지켜야 할 신행규범[48輕戒]

1. 스승과 벗을 공경하라.
2. 술 마시지 말라.

3. 고기 먹지 말라.

4. 오신채[마늘·부추·파·달래·흥거]를 삼가라.

5. 계율 범한 자는 참회를 시켜라.

6. 부모 형제가 돌아가시면, 법사를 초청해 보살의 계율 경전을 강설해 망
   자의 명복을 빌어주라.

7. 법을 자주 들어라.

8. 대승의 진리를 받들어라.

9. 병자를 잘 간호하라.

10. 살생하는 도구를 두지 말라.

11. 나라의 사신이 되지 말라.

12. 삿된 마음으로 장사하지 말라.

13. 사람을 비방하지 말라.

14. 불을 놓지 말라.

15. 대승의 진리를 따르고 외도의 법을 가르치지 말라.

16. 이익을 탐하지 말고 올바르게 가르쳐라.

17. 권력을 믿고 재물을 탐하지 말라.

18. 아는 것 없이 스승이 되지 말라.

19. 이간질을 삼가라.

20. 자비심으로 방생을 자주 하라.

21. 노여움으로 원수 갚지 말라.

22. 아상我相을 버리고 법문을 청하라.

23. 초발심자를 잘 가르쳐라.

24. 참 진리를 배워라.

25. 대중을 잘 다스려라.

26. 객승을 잘 모셔라.

27. 홀로 공양청을 받지 말라.

28. 스님들을 초대할 때 여법하게 공양하라.

29. 점을 보거나 주술을 삼가라.

30. 재일齋日 날*을 잘 지켜라.

31. 재난을 접하거든 구제하라.

32. 살생하지 말고 남의 재물을 취하지 말며, 축생을 사육하지 말라.

33. 오락하거나 노름을 삼가며, 물건으로 점을 치지 말라.

34. 잠시라도 소승(법)을 생각하지 말라.

35. 부모와 선지식을 섬기고, 계율을 잘 지켜라.

36. 참된 수행자로서의 서원을 세워라.

37. 위험한 곳에 가지 말라.

38. 법납 순서대로 서로의 예를 지켜라.

39. 복과 지혜를 함께 닦아라.

40. 5역죄** 범한 자를 제외하고 차별 없이 계를 설해 주어라. 출가자는 부모와 국왕에게 절하지 말라.

41. 이익을 위해 스승이 되지 말라.

42. 불자가 아닌 사람들에게 계를 설해 주지 말라.

43. 수계한 자가 고의적으로 파계하지 말라.

44. 법보[부처님의 가르침·진리]를 잘 섬기고, 받들어라.

45. 중생 교화를 반드시 해야 한다.

46. 법문을 할 때는 높은 자리에서 여법하게 하라.

● 재齋 : 부처님께 올리는 불공佛供이나 죽은 이의 명복을 비는 천도 의식으로 알고 있다. 그러나 부처님 재세 시에는 불법승佛法僧 3보에 귀의를 하고, 신자로서의 계율을 지키며, 사찰에 가서 스님들처럼 3업[身口意]을 청정히 하였다. 8재계八齋戒를 지키는 데 6일인 경우는 6재일六齋日[음력 8·14·15·23·29·30일], 10일인 경우는 10재일十齋日[1·8·14·15·18·23·24·28·29·30일]에 하루 낮 하룻밤 동안 지키는 계율이다.

●● 5역죄五逆罪 : 초기불교 경전 및 대승불교 경전에도 자주 언급되어 있다. 아버지와 어머니를 죽인 죄, 아라한을 죽인 죄, 승단의 화합을 깨뜨리는 죄, 부처님 몸에 피를 내게 한 죄이다.

47. 훼불을 해서도 안 되며, 훼불하는 국왕의 아첨꾼이 되어서도 안 된다.

48. 이익을 위해 법을 설하지 말라.

현대적인 의미에서 새겨볼 계율 몇 가지

① 10중대계 아홉 번째, "진심瞋心을 줄이고, 타인의 참회를 받아들여 용서하라."

『화엄경』에 "일념진심기一念瞋心起 백만장문개百萬障門開"라고 하였다. 즉 한 번 화를 내면, 모든 일에 장애가 발생한다는 뜻이다. 또한 "공덕을 겁탈하는 도적 중에 화를 내는 마음이 가장 심하다"고 하였고, "성내는 마음은 보리[菩提, 깨달음]를 이루지 못하는 장애를 일으킨다"고 하였다. 현대인은 스트레스의 연속에서 벗어나지 못하는 시대에 살고 있다. 그러다보니 화내는 일이 잦아지고, 업 짓는 일로 진전되어 결국 그 고통은 자신이 받는다. 이럴 때, 숫자를 세어서 자신의 화내는 마음을 있는 그대로 살펴보자. 한편 상대방의 그릇됨에도 용서할 줄 아는 관용 정신을 길들인다면 화내는 마음을 조금 줄일 수 있을 것이다.

② 10중대계 여덟 번째, "재보시든 법보시든 많이 베풀라."

누군가에게 베푼다는 것은 곧 자신의 인색함을 줄이는 요소로 작용한다. 베풂을 잘하는 사람은 언제 보아도 풍족한 이미지를 준다. 그 베푸는 공덕은 부메랑이 되어 자신에게 되돌아올 것이다.

③ 48경계 여섯 번째, "부모 형제가 돌아가시면, 법사를 초청해 보살의 계율 경전을 강설해 망자의 명복을 빌어주라.", "지극한 효심이야말로 대자

대비한 보살의 정신이다."

효도를 계율로 삼고 있다는 점 또한 눈여겨 볼 만한 내용이다. 예전에는 효도를 인성의 척도로 보았지만, 근자에는 효도를 매스컴에서 다루는 공익광고 시대가 되었다[유교나라인 중국은 적극적으로 효도를 광고]. 사랑도 뿌린 대로 거두는 법, 자신이 부모에게 효도한 만큼 자식으로부터 효도를 받는다는 점을 염두에 두어야 한다.

④ 48경계 이십 번째, "이 세상의 모든 남자는 다 나의 아버지였고, 모든 여인은 다 나의 어머니였다. … 끝없는 옛적부터 금생에 이르는 동안 6도 중생이 나의 부모와 형제 아님이 없다. 산 목숨을 잡아먹는 것은 곧 나의 부모를 죽이는 것이고, 나의 옛 몸을 먹는 것이다. 모든 흙과 물은 나의 옛 몸이고, 모든 불과 바람은 나의 본체이다."

이 세계에 함께 공존하고 있는 4생• 6도•• 존재들을 함부로 해서는 안 된다. 일체 중생이 모두 부모·형제·친척의 인연이다. 혹 서로 부모 혹은 스승, 내지 형제·자매였을지도 모른다. 무명의 그물에 얽혀 서로 알지 못하며, 알지 못하므로 서로를 해롭게 하고, 서로를 해롭게 하므로 원한이 끝이 없다. 현재 나의 부모는 과거 어느 전생의 나의 자식일 수도 있고, 내 자식이 과거 전생의 나의 부모일 수 있는 것이다. 그러므로 우리가 접하는 모든 존재들을 소중히 여기고, 존중해 주어야 한다.

● 4생四生 : 모든 생명체를 그 출생 방식에 따라 네 가지로 분류한 것. 태란습화(胎卵濕化), 곧 사람을 위시해서 포유동물과 같이 모태에서 태어나는 태생(胎生), 새나 물고기처럼 알로 나는 난생(卵生), 지렁이나 벌레처럼 습한 곳에서 나는 습생(濕生), 형태가 변화하여 나는 화생(化生)이 있다.

●● 6도六道 : 지옥·아귀·축생·수라·인간·천계 등 중생이 업에 따라 윤회하는 여섯 가지 세계.

⑤ 경전 곳곳에 "살생하지 말라", "중생에게 손해를 끼치면 안 된다", "고 기를 먹으면 큰 자비 성품의 씨앗이 끊어져서 모든 중생이 보고는 도망을 친다. 그러므로 모든 보살은 모든 중생의 고기를 먹지 말아야 한다", "살생 하는 도구를 두지 말라", "방생을 자주 하라" 등등.

앞 경전의 내용은 모든 생명의 소중함을 언급하고 있다. 몇 년에 한 번씩 조 류독감(AI: Avian Influenza)으로 조류들이 살처분되거나, 콜레라가 발생해 소와 돼 지 등 축생들이 생매장 당한다. 축생들이 자유롭게 대지에서 뛰어놀며 살아가 는 것이 아니라 인간의 욕심으로 인공 수정을 해서 억지로 생명체를 태어나게 하고 또 좁은 공간에 가둬놓고 공장식 사육을 하니, 축생들은 당연히 면역력 이 떨어져 콜레라에 쉽게 노출되는 것이다. 소, 돼지가 콜레라에 걸리거나 조 류 독감이 유행하면, 생명체들을 그대로 땅에 묻는 것을 반복하고 있으니 참 으로 안타까운 일이다. 이렇게 악업을 짓는 것은 인간의 탐욕 때문이다. 이 세 상의 축생이나 조류도 인간과 똑같이 생명을 부여받은 소중한 존재라는 점을 잊지 말아야 한다.

⑥ "자기를 높이고 남을 비방하거나 다른 사람을 헐뜯지 말라", "악심을 품고 고의로 선한 사람을 비방하지 말라", "한 입으로 두 말을 하지 말라" 등등.

이런 내용들은 신·구·의 3업 가운데 구업口業이 아주 큰 죄업임을 일깨워 준다. 『자비도량참법』에도 '구업은 모든 원결怨結과 재앙의 문'이라고 하였다. 대 인관계에서 사람들의 큰 실수들은 구업으로 발생한다는 점을 염두에 두어야 한다.

불자로서 계를 지키는 현대적 의미

초기불교에 6념六念 사상이 있다. 즉 '3보를 믿고, 계를 지키며, 보시를 하면 생천生天[하늘 세계에 태어남]한다'는 사상이다. 여기서 계는 도덕적인 규율을 잘 지킨다는 의미인데, 수행에 있어 매우 중요한 요소이다.

불교의 수행이나 학문 체계는 3장[經藏·律藏·論藏]으로 구성되어 있다. 계율은 두 번째 율장을 말한다. 또한 계율은 3학[戒學·定學·慧學] 가운데 첫 번째 항목에 해당하며, 6바라밀에서는 두 번째 항목[持戒]에 속한다. 곧 3보三寶에 귀의해 올바른 신심으로 계를 몸에 지니는 것은 불자로서의 기본이라고 해도 과언이 아니다.

그래서 증일아함 37권 「팔난품」에서는 "계율이 청정하면 선정을 얻음이요, 선정을 얻으면 지혜를 얻고, 지혜를 얻으면 해탈을 얻는다"고 하였다. 또한 장아함 15권 『종덕경』에서는 "지혜는 계율에 의해 정화되고, 반대로 계율도 지혜에 의해 정화된다. 계와 지혜는 동시에 갖추어진다"고 하였다. 그만큼 계는 정과 혜를 얻는 근본이 된다는 뜻이다. 계율을 건물로 말하면, 기초 공사를 든든히 하는 것과 같은 이치라고 볼 수 있다.

현대에는 '계'가 자유를 구속하는 사항으로 들릴지 모르지만, 불자에게 지계持戒는 깨달음을 얻는 발판이요, 근간이 된다. 나아가 더 큰 자유인이 되는 디딤돌이다. 『범망경』은 계율적인 측면을 강조하지만, 현대인에게 도덕적인 인성을 제시하는 내용이 주를 이룬다. 도덕성이 상실된 현대에 『범망경』은 삶의 길을 제시하는 나침반 같은 역할을 할 것이다.

19 『부모은중경』

효를 통해 자식의 도리를 제시하다

『부모은중경』은 어떤 경전이고, 효와 관련된 경전이 왜 편찬되었나?

불교가 중국에 전해진 이후 몇 차례의 법난이 있었다. 이때마다 여러 원인이 있는데, 그 중의 하나가 승려가 출가함으로써 부모를 봉양하지 않을 뿐만 아니라 삭발하거나 소지[燒持 : 손가락을 불에 태우는 것] 공양함으로써 신체를 훼손하는 것을 문제삼았다. 인도의 불교문화와 중국의 유교문화와의 충돌이라고 볼 수 있다. 이런 점을 감안해 중국에서 편찬된 경전이 『목련경』이나 『부모은중경』, 『우란분경』 등이다.

중국에서는 7세기 초, 당나라 때부터 속강승[俗講僧]이라 불리는 스님들이 있었다. 이들은 글자를 모르는 일반 서민들을 위해 알아듣기 쉽게 경전을 읽고 설법해 주는 스님들이다. 속강승들은 도덕성과 효를 겸비한 풍자성이 담겨 있는 내용을 주로 설법해 주었는데, 단골 주제는 목련 존자 이야기다. 또한 이것은 경극의 주제 중 가장 인기 있는 내용이기도 하다. 이렇게 발달한 불교의 효 사상은 '백중'이라는 세시풍속을 불교명절로 자리잡게 되었고, 조상과 부모에 대한 천도 의식으로 발전되었다. 또한 당나라 때 규봉종밀(780~841) 스님이 『우란분경』에 대해 해설하였는데, 효 사상 강조로 인해 백중의식으로 발전하는

효를 통해 자식의 도리를 제시해 주는 『부모은중경』

불교가 중국에 전해진 이후 몇 차례의 법난이 있었는데, 여러 원인 중의 하나가 부모를 봉양하지 않고, 소지공양·삭발 등으로 신체를 훼손한다 하여 박해함. 유교적인 관점에서 이 점을 감안해 편찬된 경전이 『목련경』, 『부모은중경』, 『우란분경』 등임.

『부모은중경』은 효사상을 중시하는 중국의 문화와 정서에 맞춰 제작된 위경. 부모님의 은혜가 한량없이 크고 깊음을 10대은으로 나눠 설함.

어머니의 열 가지 은혜

① 어머니가 자식을 품에 안아주는 은혜,
② 해산할 때에 고통을 감내한 은혜,
③ 자식에 대한 면모를 늘 염두에 두는 은혜,
④ 쓴 것은 자신이 삼키고 단 것을 자식에게 먹이는 은혜,
⑤ 아기가 누울 자리를 가려서 눕히는 은혜,
⑥ 젖을 먹여 기르는 은혜,
⑦ 손발이 닳도록 자식을 씻기는 은혜,
⑧ 자식이 먼 길을 떠날 때 걱정하는 은혜,
⑨ 자식을 위해 나쁜 일을 감당하는 은혜,
⑩ 죽을 때까지 자식을 연민히 여기는 은혜.

부모의 은혜

데 한 몫 하였다.

10개월 동안의 태아 성장과정과 어머니에 대한 열 가지 은혜

『부모은중경』에서는 엄마가 아기를 잉태한 이후의 과정에 대해 생태학적인 관점에서 의학적으로 서술하고 있다. 곧 1개월 단위로 태아가 엄마 뱃속에서 어떻게 자라는지를 그대로 묘사해 놓았다.

부처님께서 아난다에게 여인이 자식을 잉태한 후 10개월의 과정을 말씀 하셨다.

"어머니가 아기를 잉태한 지 열 달 동안 말로 표현할 수 없는 고통이 있다. 첫 달째의 태아는 마치 풀잎 위의 이슬이 아침에 잠시 맺었다가 저녁에 사라지는 것처럼 이른 새벽에는 피가 모여 있다가 낮이 되면 흩어진다.

두 달째의 태아는 마치 우유를 끓였을 때 엉긴 우유와 비슷한 형태이다.

세 달째의 태아는 마치 엉겨 있는 피와 같다.

네 달째의 태아는 점차 사람 모양을 닮아간다.

다섯 달째의 태아는 어머니 뱃속에서 다섯 부분의 사람 형체가 형성된다. 즉 머리와 두 팔, 두 다리이다.

여섯 달째의 태아는 어머니 뱃속에서 여섯 가지 정기[六情]가 열리게 된다. 즉 눈·귀·코·혀·몸·뜻이 만들어진다.

일곱 달째의 태아는 어머니 뱃속에서 삼백 육십 뼈마디와 팔만 사천 모공 이 생긴다.

여덟 달째의 태아는 뜻과 앎이 점점 발달하고, 아홉 구멍이 뚜렷이 형성 된다.

아홉 달째의 태아는 어머니 뱃속에서 무엇인가를 먹기 시작하는데 복숭아, 배, 마늘은 먹지 않고 오곡만을 먹는다. 어머니의 생장[生臟:심장·간장·비장·폐장]은 아래로 향하고, 숙장[熟臟:창자·위장·방광·대장 등]은 위로 향해 있다. 이 생장과 숙장 사이에 산山이 하나 있는데, 이 산은 세 가지 이름으로 불리운다. 첫째는 수미산, 둘째는 업산, 셋째는 혈산이다. 이 산이 한 번 무너지면, 한 덩어리의 엉긴 피가 되어서 태아의 입속으로 흘러 들어간다. 이렇게 잉태한 지 열 달이 되면 비로소 아기가 태어난다. 그런데 아기가 효순한 자식이라면 주먹을 모아 합장하고 태어나 어머니의 몸을 상하지 않게 한다. 그러나 불손한 자식이라면 아기가 세상에 나오려 할 때, 어머니의 포태를 깨고 손으로는 어머니의 염통이나 간을 움켜쥐고 발로는 어머니의 골반 뼈를 밟아 마치 일천 개의 칼로 배를 찢는 것과 같고, 일만 개의 칼로 염통을 쑤시는 것처럼 어머니에게 고통을 준다."

이렇게 경전에 태아의 성장 과정이 묘사되어 있다. 이런 점에서 볼 때, 이 경전이 아버지의 은혜보다 어머니의 은혜가 매우 진중함을 드러내고 있다. 또한 다음 내용은 경전에서 어머니가 자식을 기르는 열 가지 은혜를 세세하게 묘사하고 있다.

① 어머니가 자식을 품에 안아주는 은혜,
② 해산할 때에 고통을 감내한 은혜,
③ 자식에 대한 연모를 늘 염두에 두는 은혜,
④ 쓴 것은 자신이 삼키고 단 것을 자식에게 먹이는 은혜,
⑤ 아기가 누울 자리를 가려서 눕히는 은혜,
⑥ 젖을 먹여 기르는 은혜,
⑦ 손발이 닳도록 자식을 씻기는 은혜,
⑧ 자식이 먼 길을 떠날 때 걱정하는 은혜,

⑨ 자식을 위해 나쁜 일을 감당하는 은혜,
⑩ 죽을 때까지 자식을 연민히 여기는 은혜.

타인이란 아직 미처 만나지 못한 가족

『부모은중경』에 부처님께서 제자들과 함께 길을 가다가 길가에 쌓인 뼈 무덤에 절을 한 뒤에 이런 말씀을 하신다.

"이 뼈 무더기가 나의 전생에 조상일 수도 있고 부모일 수도 있다.
끝없는 옛적부터 금생에 이르는 동안 6도 중생이
나의 부모·형제·친척 아님이 없느니라.
모든 이들과 서로 서로 인연으로 얽혀 있느니라."

미국 작가 미치 앨봄(Mitch Albom, 1958~)의 『천국에서 만난 다섯 사람』 책 속에 이런 내용이 있다.

"우리가 인연 맺고 있는 모든 사람이 이전에 한 번쯤은 만난 사이이며 서로 직접적으로나 간접적으로 영향을 주고받는다.… 또 타인이란 아직 미처 만나지 못한 가족이다."

일본 정토종 친란(親鸞, 1173~1262) 스님의 말씀에도 이와 유사한 내용이 있다.

"나는 일찍이 부모에게 효도하기 위해 염불한 적은 한 번도 없다.
왜냐하면 모든 중생이 세세생생 부모·형제·친척인 까닭이다.
그 중의 누군가가 먼저, 다음 생에 성불하여 모두를 구제해야 되는 것이다."

부처님께서 제자들과 함께 길을 가다가 길가의 뼈 무덤에 절을 한 뒤에 하신 말씀,

이 뼈 무더기가 나의 전생에 조상일 수도 있고 부모일 수도 있다. 끝없는 옛적부터 금생에 이르는 동안 6도 중생이 나의 부모·형제·친척 아님이 없느니라. 모든 아들과 서로 서로 인연으로 얽혀 있느니라.
  — 『부모은중경』

"타인이란 아직 미처 만나지 못한 가족이다."
—미치 앨봄(MITCH ALBOM, 1958~)의 『천국에서 만난 다섯 사람』 중에서

미치 앨봄과 친란이 말한 내용의 공통점은 '우리가 살아가면서 만나는 어떤 사람이든 소중한 인연으로 얽혀 있다'는 의미이다. 그런데 친란 스님의 말에는 어떤 인연이든 소중한데, 그 소중함이란 바로 부모·자식 간의 인연만큼 진중하다고 하였다. 아마 누구나 공감하는 내용일 것이다. 잠깐 스치는 인연도 소중하거늘 부모 자식 인연이 어찌 소중하지 않겠는가!

초기불교 경전 증일아함 「선지식품」에도 이런 내용이 있다.

"가령 어떤 사람이 왼쪽 어깨에 아버지를 얹고, 오른쪽 어깨에 어머니를 얹고 다니면서 천만 년 동안 의복·음식 등으로 베풀고, 병이 났을 때 치료해 준다고 해도 은혜 갚는 것은 어려운 일이다. 혹 부모가 노망으로 인해 그대의 어깨와 등에 대소변을 본다고 해도 은혜를 다 갚는 것이 아니다."

조선의 정조가 아버지 사도세자를 위해 사찰을 창건하고 경전을 인쇄했는데, 바로 『부모은중경』이다. 진정으로 부모에게 감사하는 마음을 가지는 것이야말로 사람으로서의 기본적인 도리라고 생각한다. 이 경전을 통해 부모 인연을 넘어 주위 형제들·친척이 모두 소중한 인연임을 새기는 계기가 되었으면 한다.

불교적 효 사상과 백중 행사는 어떤 관련이 있는가?

음력 7월 15일은 백중, 중원, 우란분절로도 불렸던 전통적인 보름 명절 중의 하나인데, 불교에서도 매우 중요한 행사로 자리 잡았다. 일반적으로 조상을 천도하는 날로 여기고 있지만, 이날은 스님들이 하안거 수행을 해제하는 날이다. 그런데 최근 북방불교권 나라에서는 하안거 해제의 의미보다는 조상을 천도하는 날로 일반화되어 있다.

중국에서는 백중을 우란분재라고 하는데, 당나라 때는 황제가 우란분 축제를 칙령으로 내리기도 하였다. 황실에서는 공양물을 올리고, 7대 조상을 위해 불공을 했다. 황실 사찰[西明寺·慈恩寺]에서의 백중 행사는 황궁에서 일체 비용을 부담하였다. 일반 민중들도 마찬가지였다. 엔닌(圓仁 794~864)이 쓴 『입당구법순례기入唐求法巡禮記』에 이런 내용이 있다.

"음력 7월 보름날, 장안의 여러 사찰들이 백중 공양을 올렸다. 사찰에서는 양초, 떡, 조화, 과일 등을 불단에 올렸다. 마치 진귀한 공양물들이 서로 겨루는 것과 같았다. 공양물이 불단에 올려 있으면 장안의 사람들이 사찰을 둘러보면서 경배를 올렸다. 마을의 풍성한 축제였다.”

일본의 경우를 보자. 일본은 백중을 오봉(お盆)이라고 하였는데, 메이지 유신 이래 백중으로 바뀌었다고 한다. 음력 7월 15일 전날부터 가정집에 불단과 신단에 조상신을 모시는데, 저녁에는 등불을 밝힌다. 15일 백중날에는 사찰에 가서 불공을 하는데, 스님들을 따라 독경하며, 염불춤·윤무춤을 추는 가운데 조상신의 내방을 맞는 축제행렬을 벌인다. 16일에는 다시 불을 피워 조상신이 돌아가는 길을 밝히고 등이나 공양물을 강과 바다에 띄운다.

부모는 자신을 존재하게 해 준 근원이다. 부모, 그 부모의 부모에게 공양 올리고 천도하는 것으로 백중의 의미가 되살려져야 한다. 진심으로 조상을 위해 기도한다면, 그 조상은 반드시 좋은 세계에 머물 것이다. 무엇보다도 백중이 부모에 대한 은혜를 새기고 효도하는 행사인 동시에 조상을 통해 자신의 삶을 되돌아보는 계기가 되었으면 한다.

우리나라에서 효성이 지극했던 효자스님으로는 조선시대의 진묵(1562~1633) 스님이 유명하다. 스님은 '소석가小釋迦'로 불릴 만큼 수행력도 대단했으며 불자가 아닌 일반인들에게도 널리 알려져 있다. 진묵 스님은 출가 이후, 홀로 된 모친을 사찰에서 모시고 살았다. 어느 날 그의 어머니가 “아들이 출가해 대가 끊어졌으니, 내 묘소를 누가 지켜줄 것인가”라고 탄식하자, 스님은 어머니에게 “걱정하지 말라”고 하며 어머니를 안심시켜 드렸다. 스님의 말대로 어머니 묘소가 현재 전북 김제 성모암聖母庵 내에 위치해 있는데, 불자들의 발길이 끊이지 않고 있다. 사찰이 창건되기 전에는 인근 마을 사람들이 자기 집 벌초를 하기 전에 진묵 대사 어머니 묘를 벌초하면 좋은 일이 생긴다고 하여 서로 다투어 보살폈다고 한다.

20 『육조단경』

조계종 선사상의 원류

혜능과 우리나라 조계종과의 관계

우리나라 최대종단인 대한불교조계종이라 할 때 '조계종曹溪宗'이라는 명칭은 당나라 때, 6조 혜능(638~713) 스님이 머물렀던 광동성 '조계산'에서 이름을 따와서 붙인 것이다[이 점을 비롯해 혜능이 출가하게 된 동기를 『금강경』에서 언급함. 이 책 116쪽 참조].

혜능은 5조 홍인으로부터 법을 받고 영남 지역에서 법을 펼쳤는데, 혜능 이후부터 선종의 역사는 큰 물줄기를 이루게 되었다. 혜능의 제자인 남악회양(677~744)과 청원행사(?~740) 문하에서 선종이 크게 발전하였다.

남악에게서 마조도일(709~788)이 배출되었고, 청원에게서 석두희천(700~791)이 배출되었다. 이후 마조의 문하에서 위앙종과 임제종이 형성되었고, 석두의 문하에서 운문종과 조동종·법안종이 형성되었다. 혜능으로부터 선종 5가가 이루어졌다고 해서 일화개오엽一花開五葉이라고 한다.• 즉 한 꽃에서 다섯 봉오리가 형성되었다는 뜻인데, 혜능의 선이 북방불교권에서 꽃피운 선종의 근원지라고 할 수 있다.

● 일화개오엽一花開五葉은 원문에서 한 가지만 언급했지만, 세 가지 뜻이 있다. 첫째는 초조달마가 인도로부터 중국에서 전한 선법禪法[一花]이 5엽五葉으로 나누어 발전하고 법이 널리 퍼진 것, 둘째는 달마[一花]로부터 시작되어 6조 혜능에 이르는 다섯 사람을 지칭함. 셋째는 본문 내용인 혜능(一花) 이래로 5가[五家; 五葉]가 형성된 것이다.

조계종 선사상의 원류가 담겨 있는
『육조단경』

우리나라 최대 종단인 대한불교조계종은 당나라 때, 6조 혜능 스님이 머물렀던 '조계산'에서 이름을 따온 것임.

『육조단경』은 6조 혜능 스님의 자전적 일대기와 법문을 제자 법해가 편집한 것임. 어록인데도 부처님의 말씀을 뜻하는 '경'자를 붙이는 것은 혜능을 존칭하는 의미로 중국인들이 붙인 것임.

나무꾼이었던 혜능이 어느 날 주막집에서 흘러나오는 한 승려의 『금강경』 독경 소리를 듣고 마음이 열려 출가를 결심. 혜능은 5조 홍인으로부터 법을 받고 영남 지역에서 법을 펼쳤는데, 혜능 이후부터 선종의 역사는 큰 물줄기를 이루게 됨.

혜능의 제자인 남악회양과 청원행사의 문하에서 선종이 크게 발전함. 남악의 제자인 마조의 문하에서 위앙종·임제종이 형성되었고, 청원의 제자인 석두의 문하에서 운문종·조동종·법안종이 형성됨. 혜능으로부터 선종 5가가 이루어졌다고 해서 일화개오엽(한 꽃에서 다섯 봉오리가 형성되었다는 뜻)이라고 함. 혜능의 선이 북방불교권에서 꽃피움으로써 혜능의 선은 선종의 근원지라고 할 수 있음.

혜능의 출가 동기와 보림, 돈오견성, 자성의 청정, 반야 사상, 구체적인 실천인 무념·무주·무상, 제자들과의 기연(機緣) 등 참선 수행의 원리를 설하고 있음. 북방불교 수행자들의 나침반이 되고 있으며, 오늘날까지 널리 애독되고 있음.

『육조단경』은 어떤 경전인가?

혜능 스님이 광동성 조계산 남화사에 머물러 제자들을 지도하기 시작했다. 이때 남화사 주변 소주韶州의 자사刺史였던(중국 동한 시기 중앙정부에서 지방으로 파견한 감찰관) 위거韋據가 관료들과 함께 찾아와 소주 시내에 위치한 대범사에서 법을 설해 줄 것을 청했다. 혜능이 이를 허락하고 대범사 강당에서 법을 설했는데, 정치인 30여 인, 유학자 30여 인, 스님들과 일반 재가인 모두 합쳐 천여 명이 모였다. 이때 선과 수행의 원리에 대해 설한 법문을 제자 법해法海가 편집한 것이 『육조단경』이다.

『단경』은 혜능 스님의 법문, 즉 어록語錄인데도 부처님의 말씀을 뜻하는 '경經'자를 붙이는 것은 혜능을 존칭하는 의미로 중국인들이 붙인 것이다. 그만큼 혜능이 중국에서 선종이 크게 발전하는 데, 견인차 역할을 했기 때문이다. 『육조단경』의 판본은 돈황본(780년) · 혜흔본(967년) · 덕이본(1290년) · 종보본(1291년) 4종이다. 우리나라는 예전에는 몽산덕이(1231~1308)의 덕이본이 널리 유통되었으나 요즘에는 가장 일찍 편찬된 돈황본을 신뢰한다. 『단경』에는 혜능의 출가 동기와 보림 수행 · 돈오견성頓悟見性 · 자성自性의 청정 · 반야 사상 · 구체적인 실천인 무념 무주 무상으로 제자들과의 기연[선사들 사이에, 혹은 스승이 제자에게 선문답이나 기이한 행동으로 깨우치게 해 주는 것] 등 참선 수행의 원리를 설하고 있다.

혜능의 『육조단경』은 우리나라 수행자들의 나침반 역할을 하고 있으며, 고대로부터 오늘에 이르기까지 널리 애독되고 있다.

불성에 어찌 남과 북이 있는가?!

혜능이 유명한 호북성 황매에 사는 5조 홍인(601~674) 선사를 찾아갔다. 혜능이 홍인에게 인사를 올리자, 홍인이 물었다.

"너는 어디에서 왔느냐, 무엇을 구하고자 하느냐?"

"저는 영남의 신주라는 땅의 백성이온데, 멀리서 스승을 뵙고자 왔습니다. 오직 부처가 되기를 바랄 뿐이지, 다른 것을 구하려는 뜻은 없습니다."

"네가 살던 영남은 예전부터 오랑캐 땅으로, 너는 오랑캐에 불과하거늘 어찌 하천한 신분으로 부처가 될 수 있겠는가?"

"사람에게는 비록 남과 북이 있을지언정 불성佛性에 어찌 남북이 있겠습니까? 스승님과 오랑캐가 다르지 않은데, 어찌 불성에 차별이 있겠습니까?"

– 「행유품」

혜능의 고향 영남(광동성)이 당나라 때는 한족漢族의 권역에 들지 않았던 것으로 추측된다. 홍인이 혜능에게 말한 '오랑캐'는 한문으로 갈료이다. '갈료獦獠'라는 한자에 모두 개사슴록 변(犭)이 붙어 있는데, 중국인들이 한족이 아닌 사람들을 위시해서 야만인이나 하열한 사람을 지칭하는 말이다. 한마디로 오랑캐라는 말에는 상대에 대한 경멸과 모멸감이 담겨 있다. 불성에 남북이 없다고 말한 혜능의 답변은 이후 선종의 중요한 테제(These)가 되었으며 선사들의 선문답에도 단골로 등장한다. 곧 사람이 태어난 장소는 구분될지언정 누구에게나 내재內在되어 있는 청정한 본성은 같다는 것을 의미한다.

선도 생각하지 말고, 악도 생각하지 말라

혜능은 스승으로부터 법의 상징인 가사와 발우를 들고 영남지방으로 향했다. 다음날 아침, 혜능이 들고 떠난 의발을 뺏으려고 몇 승려들이 혜능을 쫓아 갔다. 이 가운데 4품 장군 출신이었던 혜명은 기골이 장대하고 힘이 세었으므로 제일 앞장서서 혜능을 쫓아갔다.

마침내 혜능이 생명의 위협을 느끼고, 의발을 큰 바위 위에 놓으며 말했다.

"이 의발은 믿음을 표시한 것인데, 어찌 힘으로써 다투겠는가?"

그런 뒤에 풀 덩굴 속에 몸을 숨겼다. 혜명이 와서 먼저 의발을 들려고 했으나 꿈쩍도 하지 않았다. 이에 놀라 혜명이 말했다.

"행자여, 행자여, 나오십시오. 나는 법을 위하여 온 것이요, 의발을 탐내어 온 것이 아닙니다."

혜능이 나와서 반석 위에 앉으니 혜명이 절하면서 말했다.

"노행자님께서는 제게 좋은 가르침을 하나 주십시오."

"네가 법을 위하여 왔다고 하였으니, 모든 인연을 쉬고 한 생각도 내지 말라."

혜능이 잠시 있다가 말했다.

"선도 생각하지 말고, 악도 생각하지 말라. 바로 이런 때, 어떤 것이 명상좌의 본래면목인가?" – 「행유품」

마지막 줄의 "선도 생각하지 말고 …"는 '불사선不思善 불사악不思惡 본래면목本來面目'이라는 공안이다. 『무문관』 23칙이기도 하다. 곧 '선과 악이 일어나기 전에 근본바탕의 자성이 무엇인가?'라는 화두이다. 또한 '부모 뱃속에 들기 이전의 근원적인 자신이 무엇인가?'라는 공안으로 '부모미생지전본래면목父母未生之前本來面目'도 있다. 이 공안도 분별심이 일어나기 전의 가장 근원적인 자성을 묻고 있는 것이다. 이 공안을 통해 불교의 정체성을 정립해 보자. 부처님은 신神이 아닌 우리 중생과 똑같은 인간으로 태어나 깨달음을 이룬 선각자라는 점만 기억하면 된다. 즉, 부처님은 번뇌 많은 우리 중생도 열심히 정진하면 당신처럼 부처가 될 수 있는 가능성을 보여준 선지식이다.

바람도 아니고 깃발도 아닌 마음이 움직이는 것

혜능은 광동성 소관의 남화사에 머물기 이전, 15년간 은둔생활을 하며 보림保任을 하였다. 이후 혜능은 산에서 내려와 광동성 광주廣州 법성사[현 광효사]에 들어가니, 인종 법사가 『열반경』을 강의하고 있었다. 마침 도량에서 학인스님들이 대화를 나누고 있는데, 바람이 불어와 깃발이 움직였다. 한 학인이 뜰에 있다가 바람에 펄럭이는 깃발을 보고, 말했다.

"바람이 움직이는 것이다."

옆에 있던 학인이 말했다. "깃발이 움직이는 것이다."

두 학인의 논쟁이 끝나지 않자, 혜능이 말했다.

"바람이 움직이는 것도 아니고, 깃발이 움직이는 것도 아니다. 오직 그대들의 마음이 움직이는 것이다" – 「행유품」

이 일화는 '비풍비번非風非幡'이라는 공안으로『무문관』29칙에도 실려 있다. 혜능의 말대로 깃발이 움직인 것은 바람에 의한 것도 아니고, 깃발이 움직인 것도 아니다. 바로 깃발이 바람에 움직이는 것을 보고 듣고 인식한 그 마음이 움직인 것이다. 보는 것에 마음이 기울어 있기 때문에 깃발이 보이고, 소리에 마음을 두기 때문에 바람 소리가 들리는 것이다. 깃발이 움직이든 바람 소리가 들리든, 거기에 마음 두지 않으면 보이지 않고 들리지 않는 법이다. 앗!! 지금 이 글을 읽고 있는 그대는 누구인가?

혜능의 열반송

713년 7월 8일 혜능이 열반에 들려고 하자, 문인들이 모였다. 대중이 슬피 울면서 좀 더 머물기를 청하자, 혜능이 말했다.

"부처님이 세상에 출현하신 것도 열반을 나타내기 위함이다. 옴이 있으니 가는 것은 당연한 일이다. 나의 이 몸도 반드시 가야 한다."

"스님께서 지금 가시면 언제 돌아오시는 겁니까?"

"잎사귀가 떨어지면 뿌리로 돌아간다[落葉歸根]. 다시 올 날을 말할 수 없으리(來時無口)." – 「부촉품」

'낙엽'이라는 눈에 보이는 현상이 사라진다고 해서 나무의 '이파리'라는 자체가 사라진 것은 아니다. 또 '꽃잎'이 떨어졌다고 하여 꽃이 진 것은 아니다. '꽃잎'은 현상적인 존재로 피었다가 지는 것이지만 그 꽃잎을 떠받치고 있는 참된 실재(꽃)는 영원히 존재한다. 생멸하는 현상 속에 변치 않는 실재, 그 실재가 그대 앞에 드러나 있다. 바로 '실상實相'이라는 이름으로···.(앞의 『법화경』 부분 171~172쪽 "깨달음은 현 존재의 실상 그대로를 표현한다"에서 언급한 것과 같은 내용으로 보아도 된다.)

자성 청정심에 관한 주요 경구들

"보리자성菩提自性은 본래 청정한 것이니,
단지 그 마음을 쓰기만 하면 바로 성불이다." – 「행유품」

혜능이 가르침을 편 광동성 소관 남화사南華寺 도량 내에 혜능의 사리탑인 영조탑靈照塔이 있다. 원래 이 탑 안에 혜능의 진신상眞身像을 모셨는데, 현재 조사전으로 진신상을 옮겨 모시고, 탑만 덩그러니 남아 있다. 이 영조탑 내면에 혜능의 선사상이 새겨져 있는데, 바로 위의 구절이다. 이 구절은 인간이 도를 닦아서 부처가 되는 것이 아니라, 원래 깨달은 성품이므로 이를 단박에 알아차리면 된다는 자성自性의 강조와 돈오頓悟의 입장을 천명한 것이다.

"세상 사람들의 자성이 본래 청정함이니,
만법萬法이 자성으로 좇아서 일어난다.
모든 것에 악惡한 일을 생각하면 곧 악한 행동을 하게 되고,

모든 것에 착한 일을 생각하면 곧 착한 행동으로 나타난다.

이와 같이 모든 법이 자성 가운데서 일어나는 것이다." – 「참회품」

"자성은 본래부터 청정하며, 본래부터 생멸이 없고,

본래부터 구족되어 있으며, 자성은 능히 만법을 일으킨다." – 「의문품」

"부처는 자성 가운데서 이루어지는 것이니

몸 밖을 향하여 구하지 말지니라.

자성을 모르면 곧 중생이요, 자성을 알면 곧 부처이다." – 「의문품」

번뇌로 어두울 때는 범부이지만, 깨달음을 이루면 곧 부처의 경지이다. 곧 깨닫지 못하면 부처가 중생이 됨이요, 한 생각에 깨달으면 중생이 곧 부처인 것이다. 결국 청정한 자성 안에서 부처를 이룰 수 있는 것이니 밖을 향해서 구하지 말아야 한다. 곧 자성을 알면 그 자리가 부처이지만 이를 인지하지 못하면 중생이다.

자성이란 사람 마음의 본성을 가리키는 말인데, 진여라든가 불성이라는 말과 같은 말이다. 대개 자성청정심이라고 하며, 여래장 사상과도 밀접한 관련을 갖고 있다. 여래장과 불성은 같은 의미인데, 중국에 와서 불성이라는 말이 우세하여 불성이 보편화되었다. 불성을 처음 사용한 경은 『열반경』으로 선종사에서 견불성見佛性이 견성見性으로 전환되었다. 혜능의 견성은 불佛이 되는 인因이나 불佛이 될 가능성이 아니라 내가 바로 부처인 것을 아는 것이 결국 돈오를 뜻하는 것이다. 이러한 혜능의 견성見性 사상으로 인해 혜능의 선은 천여 년간 선종의 대들보 역할을 하고 있다.

"모든 반야지般若智는 다 자성으로 좇아서 난 것이요,

밖으로부터 들어오는 것이 아니다." - 「반야품」

"범부가 곧 부처이며 번뇌가 곧 보리이다.
깨닫지 못하면 부처도 중생이요, 일념에 깨달으면 중생이 곧 부처이다.
그러므로 만법이 모두 자심自心에 있다" - 「반야품」

자성은 누구나 갖추고 있는 것이므로 수행자는 선악善惡에 끄달리지 않아야 한다. 본 성품이 부처이므로 이 성품을 떠나 부처는 있을 수 없다[本性是佛 離性無別佛]. 곧 청정한 자성일 때, 자성=부처인 것이다. 그런데 이 부처 자리인 자성이 능히 모든 법을 포함하며 만법이 모든 사람의 성품 속에 있기 때문에 일체가 곧 하나요, 하나가 곧 일체이므로 가고 옴에 자유여서 마음 자리에 막힘이 없는 것이 반야般若라고 하였다. 한편 이 반야는 부처를 여의지 않는 자성으로부터 나오며, 자성이 청정한 본성만이 반야의 지혜를 갖추고 있다.

그대, 서 있는 그 자리가 바로 극락이다

"범부들이 자성을 모르기 때문에 제 몸속의 정토를 알지 못하고
동방이니 서방이니 하면서 찾고 있다.
깨달은 사람은 어디에 있더라도 마찬가지이다." - 「의문품」

"마음이 청정하면, 곧 이것이 자성의 서방정토西方淨土이다." - 「의문품」

"직심直心이 도량이요, 직심이 정토이다." - 「의문품」

진심으로 수행하는 사람은 집에 있어도 동방이 바로 청정한 곳이 되고, 청정

도량인 사찰에 있으면서도 닦지 않으면 서방 극락일지라도 혼탁한 곳이 된다. 혜능은 오직 청정한 본성을 지니면 그곳이 바로 정토라는 유심정토唯心淨土의 사상을 설하고 있다.

반야사상의 구체적인 실천인 무념·무주·무상

"여러분! 나의 법문은 8만 4천의 지혜를 자유자재로 작용시키고 있다.
왜냐하면, 세상 사람들이 8만 4천의 번뇌가 있기 때문이다.
만약 번뇌가 없으면 반야 지혜는 항상 자기의 본성에 있고,
본성을 여의고 있는 것이 아니다.
이 도리를 깨달은 사람은 망념이 없는 무념無念이며
과거의 생각에 끄달림이 없는 것이 무억無億이며
어떤 존재에도 집착됨이 없는 무집착無執着이다.
허망된 망상이 일어나지 않는다면 그대로가 진실의 자기인 것이다.
지혜로 관조하여 일체의 모든 존재를 취하거나 버리지 않는다면
견성하여 불도를 이루는 것이다."

"나의 이 법문은 고래로부터 모두 무념無念을 세워서 핵심[宗]으로 삼고,
무상無相을 체體로 하며, 무주無住를 근본[本]으로 삼는다.
무상은 모양에 있어서 모양을 여읜 것이요,
무념이란 생각에 있어서 생각이 없는 것이다.
무주란 사람의 본성이 저 세간에 있어서 선과 악, 아름다움과 추함,
원수거나 친하거나 간에 서로 말로 주고받거나
공격하고 속이고 다툼이 있을 때
공空으로 삼아서 갚을 것을 생각하지 않는 것이다.

생각 생각 가운데 앞에 있었던 경계를 떠올리지 않는 것이니,

만약 앞의 생각, 지금 생각, 또 뒤의 생각이 염념에 상속相續해 끊어지지

않으면 그것을 이름하여 속박이라고 한다." - 「정혜품」

『육조단경』에서 일행삼매는 곧 반야삼매인데 이 반야삼매에 들기 위해서는 곧 반야바라밀을 닦아야 한다고 설한다. 이러한 반야삼매를 깨달은 것이 무념이라는 것이다. 해탈을 얻는다면 곧 반야삼매이며 무념이기 때문이다.

무념은 일체 외부경계에 물들지 않는 것으로 일체의 망념이 사라진 본래의 상태이다. 즉 대상에 집착하지도 않으며, 그 대상에 마음을 내지 않는 것이다. 곧 무념은 유념有念을 염두에 둔 것이지만 그 유념이라는 것조차 두지 않으며 더 나아가 무념이라는 개념까지도 말할 필요가 없는 상태를 말한다. 자성청정한 진여의 본성이 반야의 지혜를 갖추고 있으며 그러한 본성을 자각하는 것이 돈오견성이고 일체의 망념이 일어나지 않는 진여 본래의 입장을 말한다. 그리하여 일체의 법을 보면서도 일체 법에 집착하지 않으며 일체 공간에 두루하면서도 어디에도 걸림이 없는 무념을 실천해야 한다.

무상은 밖으로 모든 상을 여의고 곧 법체가 청정함을 말한다.

무주란 모든 존재에 생각이 머물지 않으며, 그 존재에 얽매임이 없는 것이다.

무주 사상은 혜능이 출가하게 된 계기가 되었던 『금강경』의 "응무소주 이생기심" 구절과 연관된다.

『금강경』을 선종에서 주목한 것도 혜능이 수행의 체體와 본本으로 삼고 있는 무주無住와 무상無相이라고 하는 반야의 실천사상이 『육조단경』에 담겨 있기 때문이다.

무주나 무상은 모두 집착하지 않는 청정 자성의 자리인데, 무념과 같은 차원으로서 무념·무주·무상, 세 가지로 나열하지만 결국 셋은 곧 하나를 의미한다.

"아만심을 꺾지 못하면 수행자가 아니다."

혜능의 제자인 법달은 일곱 살에 출가하여 늘 『법화경』을 독송하였다. 그리하여 법달은 『법화경』에 있어 제일인자로 자부할 만큼 경의 내용을 훤히 꿰뚫고 있었다. 법달이 혜능을 처음 만나 인사를 하는데, 그는 제자로서 예를 갖추지 아니하고 아만심이 가득 차 있는 표정이었다. 이에 혜능이 말했다.

"네가 설혹 만부의 경을 외운다 할지라도 그 마음속에 '내가 잘났다'는 아만심을 꺾지 못한다면 아무리 수행해도 업만 더 키울 뿐이다"라고 한 뒤 다음 게송을 읊었다.
"입으로 외우고 마음으로 행하면 바로 내가 경을 굴리는 것이요,
입으로만 외우고 마음으로 행하지 않으면 바로 내가 경에 굴림을 받는 것이다." – 「기연품」

조선 시대, 서산 대사의 제자인 청매인오(1548~1623)는 『청매집』에서 "경전을 (독송하는 데), 마음으로 반조하지 않으면 경을 보아도 이익이 없고, 정법에 의거해 수행하지 않으면 고행을 해도 아무런 이익이 없다[心不返照 看經無益 不心正法 苦行無益]"라고 하였다. 『금강경』에서도 4상을 여읜 자리가 부처의 경지[離一切諸相 則名諸佛]라고 했듯이 경전 독송이든 참선이든 그 어떤 수행에서도 먼저 아만심과 증상만[增上慢](깨닫지 못했는데 깨달았다고 생각하여 잘난 체하는 것)을 제거해야 한다.

도표로 읽는 경전 입문

초판 1쇄 발행   2018년 6월 10일
초판 3쇄 발행   2024년 8월 10일

지은이   정운
그린이   배종훈

펴낸이   윤재승
펴낸곳   민족사
주간   사기순
기획편집팀   정영주
기획홍보팀   윤효진
영업관리팀   김세정

출판등록   1980년 5월 9일 제1-149호
주소   서울 종로구 삼봉로 81 두산위브파빌리온 1131호
전화   02.732.2403, 2404
팩스   02.739.7565
웹페이지   www.minjoksa.org, www.facebook.com/minjoksa
이메일   minjoksabook@naver.com

ⓒ 정운 · 배종훈 2018
ISBN 978-89-98742-40-9   03220